企业高技能人才职业培训系列教材

城轨通信工
CHENGGUITONGXINGONG（四级）

编审委员会

主　　任	仇朝东
委　　员	顾卫东　葛恒双　葛　玮　孙兴旺　刘汉成
执行委员	孙兴旺　瞿伟洁　李　晔　夏　莹　叶华平　李　益　杜晓红
主　　编	唐　益
编　　者	唐　益　程加宁
主　　审	阮　文

中国劳动社会保障出版社

图书在版编目(CIP)数据

城轨通信工:四级/人力资源和社会保障部教材办公室等组织编写. —北京:中国劳动社会保障出版社,2015

企业高技能人才职业培训系列教材

ISBN 978-7-5167-1745-5

Ⅰ.①城… Ⅱ.①人… Ⅲ.①城市铁路-铁路通信-职业培训-教材 Ⅳ.①U239.5

中国版本图书馆 CIP 数据核字(2015)第 044084 号

中国劳动社会保障出版社出版发行

(北京市惠新东街1号 邮政编码:100029)

*

北京北苑印刷有限责任公司印刷装订 新华书店经销
787 毫米×1092 毫米 16 开本 14.25 印张 232 千字
2015 年 3 月第 1 版 2015 年 3 月第 1 次印刷
定价:33.00 元

读者服务部电话:(010) 64929211/64921644/84643933
发行部电话:(010) 64961894
出版社网址:http://www.class.com.cn

版权专有 侵权必究

如有印装差错,请与本社联系调换:(010) 80497374
我社将与版权执法机关配合,大力打击盗印、销售和使用盗版图书活动,敬请广大读者协助举报,经查实将给予举报者奖励。

举报电话:(010) 64954652

内容简介

本教材由人力资源和社会保障部教材办公室、中国就业培训技术指导中心上海分中心、上海市职业技能鉴定中心、上海申通地铁集团有限公司轨道交通培训中心依据城轨通信工（四级）职业技能鉴定细目组织编写。教材从强化培养操作技能，掌握实用技术的角度出发，较好地体现了当前最新的实用知识与操作技术，对于提高从业人员基本素质，掌握城轨通信工（四级）的核心知识与技能有直接的帮助和指导作用。

本教材既注重理论知识的掌握，又突出操作技能的培养，实现了培训教育与职业技能鉴定考核的有效对接，形成一套完整的城轨通信工培训体系。本教材内容共分为7章，主要包括：专用无线车站设备、交换车站设备、车站广播设备、视频监控车站设备、光电缆车站设备、传输单元车站设备、电源车站设备。

本教材可作为城轨通信工（四级）职业技能培训与鉴定考核教材，也可供本职业从业人员培训使用，全国中、高等职业技术院校相关专业师生也可以参考使用。

企业技能人才是我国人才队伍的重要组成部分,是推动经济社会发展的重要力量。加强企业技能人才队伍建设,是增强企业核心竞争力、推动产业转型升级和提升企业创新能力的内在要求,是加快经济发展方式转变、促进产业结构调整的有效手段,是劳动者实现素质就业、稳定就业、体面就业的重要途径,也是深入实施人才强国战略和科教兴国战略、建设人力资源强国的重要内容。

国务院办公厅在《关于加强企业技能人才队伍建设的意见》中指出,当前和今后一个时期,企业技能人才队伍建设的主要任务是:充分发挥企业主体作用,健全企业职工培训制度,完善企业技能人才培养、评价和激励的政策措施,建设技能精湛、素质优良、结构合理的企业技能人才队伍,在企业中初步形成初级、中级、高级技能劳动者队伍梯次发展和比例结构基本合理的格局,使技能人才规模、结构、素质更好地满足产业结构优化升级和企业发展需求。

高技能人才是企业技术工人队伍的核心骨干和优秀代表,在加快产业优化升级、推动技术创新和科技成果转化等方面具有不可替代的重要作用。为促进高技能人才培训、评价、使用、激励等各项工作的开展,上海市人力资源和社会保障局在推进企业高技能人才培训资源优化配置、完善高技能人才考核评价体系等方面做了积极的探索和尝试,积累了丰富而宝贵的经验。企业高技能人才培养的主要目标是三级(高级)、二级(技师)、一级(高级技师)等,考虑到企业高技能人才培养的实际情况,除一部分在岗培养并已达到高技能人才水平外,还有较大一批人员需要从基础技能水平培养起。为此,上海市将企业特有职业的五级(初级)、四级(中级)作为高技能人才培养的基础阶段一并列入企业高技能人才培养评价工作的总体框架内,以此进一步加大企业高技能人才培养工作力度,提高企业高技能人才培养效果,更好地实现高技能人才

培养的总体目标。

为配合上海市企业高技能人才培养评价工作的开展,人力资源和社会保障部教材办公室、中国就业培训技术指导中心上海分中心、上海市职业技能鉴定中心联合组织有关行业和企业的专家、技术人员,共同编写了企业高技能人才职业培训系列教材。本教材是系列教材中的一种,由上海申通地铁集团有限公司轨道交通培训中心负责具体编写工作。

企业高技能人才职业培训系列教材聘请上海市相关行业和企业的专家参与教材编审工作,以"能力本位"为指导思想,以先进性、实用性、适用性为编写原则,内容涵盖该职业的职业功能、工作内容的技能要求和专业知识要求,并结合企业生产和技能人才培养的实际需求,充分反映了当前从事职业活动所需要的核心知识与技能。教材可为全国其他省、市、自治区开展企业高技能人才培养工作,以及相关职业培训和鉴定考核提供借鉴或参考。

新教材的编写是一项探索性工作,由于时间紧迫,不足之处在所难免,欢迎各使用单位及个人对教材提出宝贵意见和建议,以便教材修订时补充更正。

企业高技能人才职业培训系列教材
编审委员会

第1章 专用无线车站设备

1.1 专用无线通信基础知识 ………………………………………………………… 3
    知识要求 ……………………………………………………………………… 3
        1.1.1 移动通信调制技术 ………………………………………………… 3
        1.1.2 多址方式的种类 …………………………………………………… 6
1.2 天线 ………………………………………………………………………………… 7
    知识要求 ……………………………………………………………………… 7
        1.2.1 天馈系统 …………………………………………………………… 7
        1.2.2 干扰 ………………………………………………………………… 8
1.3 TETRA 数字集群通信 …………………………………………………………… 9
    知识要求 ……………………………………………………………………… 9
        1.3.1 TETRA 数字集群通信系统 ………………………………………… 9
        1.3.2 TETRA 系统信道 OSI 参考模型 ………………………………… 10
        1.3.3 TETRA 的空中接口 ……………………………………………… 11
        1.3.4 TETRA 空中接口时分多址（TDMA） …………………………… 12
1.4 专用无线车站设备知识 ………………………………………………………… 13
    知识要求 ……………………………………………………………………… 13
        1.4.1 专用无线固定台 …………………………………………………… 13
        1.4.2 专用无线光纤直放站光近端机 …………………………………… 13
        1.4.3 专用无线光纤直放站光远端机 …………………………………… 14
    技能要求 ……………………………………………………………………… 15
        使用通过式功率计测试 TETRA 车载台发射功率与驻波比 …………… 15
        测量车站光纤直放站光远端机的相关技术参数 ………………………… 16
本章测试题 ……………………………………………………………………………… 19
本章测试题答案 ………………………………………………………………………… 20
技能操作复习题 ………………………………………………………………………… 21

第2章 交换车站设备 　　　　　　　　　　　　　　　PAGE 23

2.1 交换网络基础知识 …………………………………………………… 25
知识要求 …………………………………………………………… 25
- 2.1.1 交换网络 ………………………………………………… 25
- 2.1.2 数字交换网络 …………………………………………… 25
- 2.1.3 多级交换网络 …………………………………………… 26

2.2 程控数字交换机 …………………………………………………… 27
知识要求 …………………………………………………………… 27
- 2.2.1 控制方式 ………………………………………………… 27
- 2.2.2 程控数字交换机的组成 ………………………………… 27
- 2.2.3 程控数字交换机的外围设备 …………………………… 28
- 2.2.4 电信网的规程 …………………………………………… 29
- 2.2.5 信令系统 ………………………………………………… 30

2.3 时钟系统 …………………………………………………………… 30
知识要求 …………………………………………………………… 30
- 2.3.1 时钟系统的工作原理 …………………………………… 30
- 2.3.2 时钟系统的组网 ………………………………………… 31

2.4 交换车站设备知识 ………………………………………………… 32
知识要求 …………………………………………………………… 32
- 2.4.1 AP3700 …………………………………………………… 32
- 2.4.2 系统交换机硬件的操作 ………………………………… 33
- 2.4.3 系统交换机的连接 ……………………………………… 36
- 2.4.4 AMO 指令介绍 …………………………………………… 37

技能要求 …………………………………………………………… 40
- 在某一物理位置上删除模拟用户板再添加上的操作 ………… 40

本章测试题 ………………………………………………………………… 48
本章测试题答案 …………………………………………………………… 49
技能操作复习题 …………………………………………………………… 49

第3章 车站广播设备 　　　　　　　　　　　　　　　PAGE 51

3.1 广播基础知识 ……………………………………………………… 53

知识要求 ………………………………………………………………… 53
　　　　3.1.1　广播系统的基本知识 ………………………………………… 53
　　　　3.1.2　车站广播设备的安装与调试 ………………………………… 54
　　　　3.1.3　广播语音编辑的基本知识 …………………………………… 55
　　　技能要求 ………………………………………………………………… 55
　　　　广播语音编辑的操作 ……………………………………………… 55
　3.2　车站广播设备知识 ………………………………………………………… 59
　　　知识要求 ………………………………………………………………… 59
　　　　3.2.1　车站广播控制盒 ……………………………………………… 59
　　　　3.2.2　车站功率放大器 ……………………………………………… 60
　　　　3.2.3　车站广播设备控制系统 ……………………………………… 60
　　　　3.2.4　车站其他设备 ………………………………………………… 61
　　　技能要求 ………………………………………………………………… 63
　　　　车站广播音频通道检测 …………………………………………… 63
　　　　控制中心网管系统语音文件下发的操作 ………………………… 65
　3.3　车站广播系统的测试 ……………………………………………………… 68
　　　知识要求 ………………………………………………………………… 68
　　　　3.3.1　广播设备的主要技术指标及安全测试 ……………………… 68
　　　　3.3.2　广播系统的测试 ……………………………………………… 69
　　　　3.3.3　广播测试仪表的介绍 ………………………………………… 70
　　　技能要求 ………………………………………………………………… 71
　　　　功率放大器指标测试 ……………………………………………… 71
　本章测试题 ……………………………………………………………………… 74
　本章测试题答案 ………………………………………………………………… 76
　技能操作复习题 ………………………………………………………………… 76

第4章　视频监控车站设备　　　　　　　　　　　　　　　　　　PAGE 79

　4.1　视频监控基础知识 ………………………………………………………… 81
　　　知识要求 ………………………………………………………………… 81
　　　　4.1.1　视频监控技术 ………………………………………………… 81
　　　　4.1.2　电视原理 ……………………………………………………… 82
　　　　4.1.3　视频压缩及编码 ……………………………………………… 83
　4.2　视频监控车站设备 ………………………………………………………… 86

　　　　知识要求 …………………………………………………………… 86
　　　　　4.2.1　图像采集设备 ………………………………………… 86
　　　　　4.2.2　视频切换控制设备 …………………………………… 88
　　　　　4.2.3　车站其他设备 ………………………………………… 89
　　　　　4.2.4　入侵报警系统 ………………………………………… 91
　　　　技能要求 …………………………………………………………… 93
　　　　　定焦摄像机的调试及参数设置 …………………………………… 93
　　　　　某车站摄像机在监视器上无图像的故障处理 …………………… 96
　4.3　车站系统原理 …………………………………………………………… 97
　　　　知识要求 …………………………………………………………… 97
　　　　　4.3.1　车站视频监控系统 …………………………………… 97
　　　　　4.3.2　组网方式 ……………………………………………… 98
　　　　技能要求 …………………………………………………………… 100
　　　　　对录像设备进行操作 ………………………………………… 100
　本章测试题 …………………………………………………………………… 102
　本章测试题答案 ……………………………………………………………… 103
　技能操作复习题 ……………………………………………………………… 104

第 5 章　光电缆车站设备　　　PAGE 107

　5.1　通信电缆基础知识 ……………………………………………………… 109
　　　　知识要求 …………………………………………………………… 109
　　　　　5.1.1　全塑电缆 ……………………………………………… 109
　　　　　5.1.2　电缆的单盘检验与配盘 ……………………………… 111
　　　　　5.1.3　直埋电缆的敷设 ……………………………………… 111
　5.2　全塑电缆编号与接续 …………………………………………………… 112
　　　　知识要求 …………………………………………………………… 112
　　　　　5.2.1　全塑电缆的编号 ……………………………………… 112
　　　　　5.2.2　全塑电缆常用的接续 ………………………………… 113
　5.3　通信光缆 ………………………………………………………………… 114
　　　　知识要求 …………………………………………………………… 114
　　　　　5.3.1　光波性质、波长与波谱 ……………………………… 114
　　　　　5.3.2　光纤通信系统 ………………………………………… 115
　　　　　5.3.3　光纤特性 ……………………………………………… 117

目录

    技能要求 ·· 118
    安装一部固定电话 ······································· 118
    开剥光缆 ·· 121
  本章测试题 ·· 125
  本章测试题答案 ·· 126
  技能操作复习题 ·· 126

第 6 章　传输单元车站设备　　　　　　　　　　　PAGE 129

  6.1　传输基础知识 ·· 131
    知识要求 ·· 131
     6.1.1　数字信号传输 ···································· 131
     6.1.2　基带传输 ·· 131
  6.2　光器件 ··· 135
    知识要求 ·· 135
     6.2.1　光源器件 ·· 135
     6.2.2　光电检测器 ······································ 136
     6.2.3　光无源器件 ······································ 137
     6.2.4　光端机 ··· 137
    技能要求 ·· 142
    SDH 中 2M 通道配置数据查询 ······················ 142
    SDH 以太网端口数据查询 ··························· 147
    使用 SDH 分析仪测试 2M 误码 ···················· 154
  本章测试题 ·· 159
  本章测试题答案 ·· 160
  技能操作复习题 ·· 160

第 7 章　电源车站设备　　　　　　　　　　　　　PAGE 163

  7.1　电源基础知识 ·· 165
    知识要求 ·· 165
     7.1.1　通信电源系统 ···································· 165
     7.1.2　交流供电系统 ···································· 167
     7.1.3　交流基础电源电压测量 ······················ 167

技能要求	168
交流电源柜二路切换	168
更换交流电源柜的空气开关	170

7.2 蓄电池 … 173

知识要求 … 173
7.2.1 蓄电池在通信电源系统中的应用 … 173
7.2.2 VRLA 蓄电池 … 174
7.2.3 UPS、接地系统与防雷 … 175
技能要求 … 177
蓄电池放电操作 … 177

7.3 UPS 设备 … 179

知识要求 … 179
7.3.1 UPS 概述 … 179
7.3.2 集中监控系统 … 181
技能要求 … 182
UPS 的操作和故障判断 … 182

本章测试题 … 183
本章测试题答案 … 184
操作技能复习题 … 185

理论知识考试模拟试卷及答案 … 187
操作技能考核模拟试卷 … 197

第 1 章

专用无线车站设备

学习目标

- ☑ 了解移动通信调制技术
- ☑ 掌握频分多址技术
- ☑ 了解天馈系统的基本结构
- ☑ 了解干扰的几种形式
- ☑ 了解 TETRA 数字集群通信系统的概念
- ☑ 掌握空中接口时分多址（TDMA）结构
- ☑ 了解光纤直放站的功能特点
- ☑ 掌握光纤直放站的性能技术指标

1.1 专用无线通信基础知识

知识要求

1.1.1 移动通信调制技术

随着移动用户群的持续增长和移动新业务的不断推出,我国移动通信业务得到了迅猛发展。作为移动通信的核心技术之一的调制解调技术是实现高速、高效的通信系统的重要保证。调制解调技术在现代通信系统中起着重要作用,其重要性体现在:将基带信号变换成适合在信道中传输的已调信号,实现信道的多路复用及改善系统抗噪声性能。

理论上,数字调制与模拟调制在本质上没有什么不同,都是正弦波调制。但是,数字调制是调制信号为数字型的正弦波调制,而模拟调制则是调制信号为连续型的正弦波调制。

1. 移幅键控

移幅键控又称振幅键控(Amplitude Shift Keying),记为 ASK,是调制技术的一种常用方式,也称为开关键控(通断键控),所以又记作 OOK(On – Off Keying)。

(1)移幅键控概念。移幅键控调制方式是对数字信号的幅度进行调制。二进制移幅键控(2ASK),由于调制信号只有 0 或 1 两个电平,相乘的结果相当于将载频关断或者接通,其实际意义是当调制的数字信号为 1 时,传输载波,当调制的数字信号为 0 时，不传输载波。在移幅键控方式中，当 1 出现时接通振幅为 A 的载波，0 出现时关断载波（见图 1—1），这相当于将原基带信号（脉冲列）频谱搬到了载波的两侧。

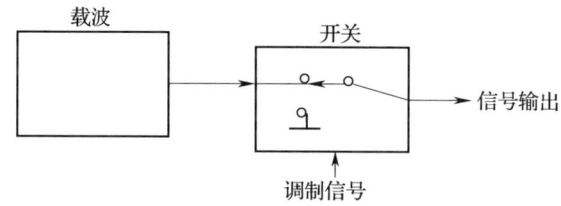

图 1—1　键控关断载波示意图

移幅调制是一种线性调制，数位基带信号的频谱经调制后被搬移到中心频率为 ω 的载波频带上，已调信号的频谱是基带信号频谱的平移及线性变换，而不改变其频谱结构。

移幅键控（ASK）相当于模拟信号中的调幅，只不过与载频信号相乘的是二进制数而已。移幅就是把频率、相位作为常量，而把振幅作为变量，信息比特是通过载波的幅度来传递的。

（2）数字幅度调制信号的数学表达式。调制的基本原理是用数字信号对载波的不同参量进行调制，其基本公式如下：$y(t) = f(t) \times S(t) = f(t) \times a\cos(\omega t + \varphi)$（见图 1—2）。

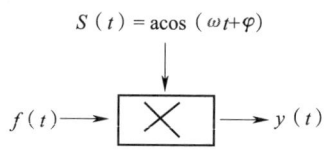

$y(t)$ 为此系统输出的响应，$f(t)$ 为调制信号，

图 1—2　系统输出的响应图

$S(t)$ 为载波信号，参量包括幅度 a、频率 ω、初相位 φ，调制就是要使 a、ω 或 φ 随数字基带信号的变化而变化。

$$S(t) = a\cos(\omega t + \varphi)$$

可见 $y(t)$ 是一个幅度随 $f(t)$ 变化的振荡信号，故称为调幅信号，移幅键控的表达式中 a 表示调制指数。

ASK 调制方式是用载波的两个不同振幅表示 0 和 1，是通过改变载波信号的振幅大小来表示数字信号 1 和 0 的，以载波幅度恒定来表示数字信号 1，以载波振幅为 0 表示数字信号 0，载波信号的 ω 和 φ 是恒定的；移频键控调制方式是用载波的两个不同频率表示 1 和 0；而移相键控调制方式是用载波的起始相位的变化表示 1 和 0。

（3）移幅键控的优缺点。与其他形式数字调制相比，移幅键控方式的优点是技术简单、实现容易，并且功耗比较低；缺点是易受干扰影响，误码性能较差，是一种效率较低的调制技术。

2. 移频键控

移频键控的英文简称为 FSK（Frequency Shift Keying）。移频键控是数字信号的频率调制，或称数字频率控制，是数字通信中使用较早的一种调制方式，基本原理是利用载波的频率变化来传递数字信息。

（1）移频键控概念。移频键控是利用两个不同频率 f_1 和 f_2 的振荡源来代表信号 1 和 0，用数字信号的 1 和 0 控制两个独立的振荡源交替输出。数字移频键控是用载波的频率来传送数字消息，即用所传送的数字消息控制载波的频率。二进制移频键控（2FSK）信号是用符号 1 对应于载频 f_1，而符号 0 对应于载频 f_2（与 f_1 不同的另一载频）的已调波形，而且 f_1 与 f_2 之间的改变是瞬间完成的。

移频键控的调制器主要是一个压控振荡器，解调器是由相位锁定环构成。从原理上讲，数字调频可用模拟调频法来实现，也可用键控法来实现。模拟调频法是利用一个矩形脉冲序列对一个载波进行调频，是移频键控通信方式早期采用的实现方法。

（2）移频键控的瞬时频率。数字信号的频率调制中的频率是随 $f(t)$ 变化，瞬时频率 $\omega(t)$ 可以表示为：$\omega(t) = \omega_c + \Delta\omega = \omega_c + K_{FM} f(t)$，$\Delta\omega = \pm(\omega_2 - \omega_1)/2$，其中 ω_c 是未被调制的载波信号的频率，为常数，$\Delta\omega$ 为频偏，K_{FM} 为调制指数。数字频率调制信号为单极性非归零矩形脉冲序列，角度调制中 $\omega_c t + \varphi(t)$ 是信号的瞬时相位，其中移频键控的表达式中 $\pm\Delta\omega/2$ 为对应于二电平基带信号产生的频偏。

（3）移频键控的特点。移频键控与移幅键控相比，其信号的包络是恒定的，但频率随时间发生变化。其优点是：可以充分利用放大器功率输出，并且其转换速度快、波形好、稳定度高、易于实现、应用广泛。

3. 移相键控

移相键控的英文简称为 PSK（Phase Shift Keying）。移相键控是数字信号的相位调制，载波的相位随调制信号状态的不同而改变，采用数字调制信号的正负来控制载波的相位变化。

（1）移相键控概念。移相键控是一种用载波相位表示输入信号信息的调制技术。移相键控分为绝对移相和相对移相两种。当数字信号的振幅为正时，载波起始相位取 0，当数字信号的振幅为负时，载波起始相位取 180°，以二进制调相为例，取码元为 1 时，调制后载波与未调载波同相；取码元为 0 时，调制后载波与未调载波反相；取 1 和 0 时，调制后载波相位差 180°，以未调载波的相位作为基准的相位调制称为绝对移相。

（2）数字相位调制信号的特性。移相键控调制技术在数据传输中，尤其是在中速和中高速的数传机（2 400～4 800 bit/s）中得到了广泛的应用。移相键控有很好的抗干扰性，在有衰落的信道中也能获得很好的效果。数字相位调制信号中，载波信号的瞬时相位随调制信号线性变化，数字相位调制信号的数学表达式中 $\Delta = 2\pi/n$ 为相邻信号的相位间隔。

1.1.2 多址方式的种类

1. 频分多址

频分多址的英文简称为 FDMA（Frequency Division Multiple Access），用于模拟传输过程。频分多址是以载波频率来划分的一种多址方式，是把不同的频率分割成不同信道的多址技术。所有信道都可以作为单信号被扩大、控制，并转换为频带传送至目的地。该技术的主要优点在于经济实用。

波分复用（Wavelength Division Multiplexing，WDM）和频分复用（FDM）基本上都基于相同原理，所不同的是，WDM 应用于光纤信道上的数字化光波传输过程，而 FDM 应用于模拟传输，诸如双绞线话路传输、电缆接入、蜂窝、无线电、TV 通信等。

FDMA 模拟传输是效率最低的网络，这主要体现在模拟信道每次只能供一个用户使用，使得带宽得不到充分利用。此外 FDMA 信道大于通常需要的特定数字压缩信道，且对于通信沉默过程 FDMA 信道也是浪费的。

2. 时分多址

时分多址的英文简称为 TDMA（Time Division Multiple Access）。时分多址是按时间划分的一种多址方式，时分多址技术是通信技术中基本多址技术之一，是一种数字传输技术，将无线电频率分成不同的时间间隙来分配给若干个通话，把时间分割成互不重叠的时段（帧），再将帧分割成互不重叠的时隙（信道），与用户具有一一对应关系，依据时隙区分来自不同地址的用户信号，从而完成多址连接。

时分多址是把时间分割成周期性的帧（Frame），每一个帧再分割成若干个时隙向基站发送信号，在满足定时和同步的条件下，基站可以分别在各时隙中接收到各移动终端的信号而不混扰。同时，基站发向多个移动终端的信号都按顺序安排在预定的时隙中传输，各移动终端只要在指定的时隙内接收，就能在合路的信号中区分发给它的信号并接收。

时分多址只能用于数字通信系统。模拟话音必须先进行模数变换（数字语音编码）

及成帧处理，然后以突发信号的形式发射出去。

TDMA 较之 FDMA 具有通信质量高、保密性较好、系统容量较大等优点，但必须有精确定时和同步以保证移动终端和基站间正常通信，技术上比较复杂。

3. 码分多址

码分多址的英文简称为 CDMA（Code Division Multiple Access）。码分多址是利用不同的码序列分割成不同信道的多址技术。

CDMA 系统是基于码分技术（扩频技术）和多址技术的通信系统，系统为每个用户分配各自特定地址码。地址码之间具有相互准正交性，从而在时间、空间和频率上都可以重叠。将需传送的具有一定信号带宽的信息数据，用一个带宽远大于信号带宽的伪随机码进行调制，使原有的数据信号的带宽被扩展，接收端进行相反的过程，进行解扩，增强了抗干扰的能力。

CDMA 是第二次世界大战期间研发的技术，研发 CDMA 的初衷是防止敌方对己方通信的干扰，在战争期间广泛应用于军事抗干扰通信。近年来，CDMA 在数字移动通信发展中得到了广泛的应用。它能够满足市场对移动通信容量和品质的高要求，具有频谱利用率高、话音质量好、保密性强、掉话率低、电磁辐射小、容量大、覆盖广等特点，可以大量减少投资和降低运营成本。

1.2 天线

知识要求

1.2.1 天馈系统

天馈系统是移动通信系统的重要组成部分，其性能对整体移动通信质量的影响至关重要。

1. 天线天馈系统

天线天馈系统分为天线和馈线系统。天线主要用于接收和发送无线信号，即将射频电流发送给天线，转换为空间电磁波，或空间电磁波在接收天线中感应出射频电压。常见的有单极化天线、双极化天线和全向天线。馈线是用于连接天线和基站设备的连接线，常见的有 7/8″馈线、5/4″馈线、15/8″馈线等。

2. 基站天馈系统

基站天馈系统由以下几部分组成：天线、室外跳线、主馈线、接头密封件、室内超柔跳线、其他接地装置（7/8″馈线接地件）、7/8″馈线卡子、走线架、馈线过窗器、防雷保护器（避雷器）、各种尼龙扎带等。

3. 富兰克林天线

富兰克林天线是 1920 年由美国著名的科学家、政治家富兰克林发明，并以他的名字命名的天线，富兰克林天线分为底馈和中馈两种类型。

4. 多段同轴振子天线

多段同轴振子天线在垂直平面的波瓣宽度随段数的增加而变窄。

1.2.2 干扰

无线系统的干扰主要是频率干扰，类型有同频干扰、邻道干扰、互调干扰等，因此在频率配置上，应考虑如何降低和减少这些干扰，特别是三阶互调干扰。

1. 同频干扰

指无用信号的载频与有用信号的载频相同，并对接收同频有用信号的接收机造成的干扰。

2. 邻道干扰

指在两个信道频率间隔 Δf 一定时，落在邻道中的带外辐射功率与所需信道总功率的比值。

3. 互调干扰

互调干扰是指，只要二信号或三信号互调所产生的新频率 F_z 正好落在本系统或其他系统的某个工作频率或其通带内，就构成对系统的三阶互调干扰。移动通信系统中最常见的互调干扰是发射机干扰。

4. 互调干扰种类

由电路非线性的三次项所产生的三阶互调，在频率上必须满足如下公式。

二信号（载波）三阶互调（或 A 型三阶互调）：$2F_i - F_j = F_z$。

三信号（载波）三阶互调（或 B 型三阶互调）：$F_i + F_j - F_k = F_z$。

互调干扰特别是三阶互调干扰，对通信系统自身的接收信道、对相邻基站小区、对不同的通信系统都会产生影响，三阶互调干扰对移动通信系统的危害性都表现在互调分量较大并落入接收机的工作频带之内，对正常接收信号造成干扰，从而降低通话质量，缩小系统的覆盖范围和通信容量。

1.3 TETRA 数字集群通信

知识要求

1.3.1 TETRA 数字集群通信系统

集群通信系统产生于 20 世纪 70 年代，广泛用于军队、公安、司法、铁路、交通、水利、机场、港口等部门。20 世纪 80 年代，数字集群通信诞生之后，由于其具有频谱利用率高、信号抗信道衰落能力强、保密性好、可提供多业务服务及网络管理控制灵活有效等诸多优点，很快取代了原有的模拟集群通信而成为主流，城市轨道交通中也使用了数字集群系统，用于列车调度和城市轨道交通各部门工作中的日常通信。

1. TETRA 数字集群概念

TETRA 数字集群是基于数字时分多址（TDMA）无线通信技术的系列标准，包括一系列已经定义的开放接口、呼叫服务和协议。

2. 时隙

TETRA 系统中，在收发数据时，系统允许最多使用 4 个时隙。时分多址在发送端对所发信号的时间参量进行正交分割，形成许多互不重叠的时隙。在接收端利用时间的正交性，通过时间选择（选通门）从混合信号中选出相应的信号。

时分多址把时间分割成周期性的帧，每一帧再分割为若干时隙，然后按照时隙分配原则，使移动台在每帧指定的时隙内向基站发送信号，基站接收各移动台按时间顺序发来的信号。

时分多址无线通信系统中，在上行方向，各移动台发射到基站的信号是断续的，呈时间分割的猝发信号。因各移动台到基站的距离不等，造成各突发信号的传播时延不等。为了使基站所接收各移动台的突发信号之间互不重叠，需要在突发信号间加一定的保护时隙。

3. 时隙的通信能力

在 TETRA 无线集群通信系统的时分多址调制方式中，对一个 25 kHz 带宽的载频进行 4 路（1 帧 4 时隙）时分复用，在 TETRA 系统中每个基本时隙的通信能力为 7.2 kb/s。

采用 TDMA 数字无线通信系统，可以有效地提高频谱利用率，减少基站的载频数，从而降低基站的成本，同时还可方便地开通数据业务。

4. 短数据业务

TETRA 系统的一个关键优势是允许话音和数据集成到一个系统中，Dimetra – IP 系统的短数据传送服务（SDTS）允许 140 个字节以下的短信传送，可以支持包括：文本消息、数据库查询、自动车辆定位（Automatic Vehicle Location，AVL）和遥控遥测服务。

1.3.2 TETRA 系统信道 OSI 参考模型

采用 OSI（开放系统互连）七层参考模型的目的是要定义使两台计算机之间能进行通信的各项功能模块。用较低层网络业务来定义网络协议的工作，用较高层协议来满足不同类型的主机实现数据传输。OSI 参考模型如图 1—3 所示。

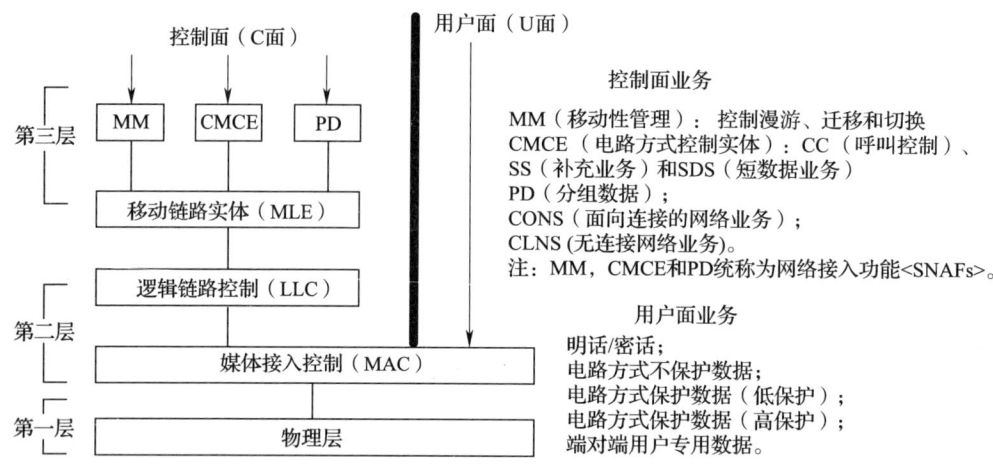

图 1—3 OSI 参考模型

1. 参考模型中的第一层

TETRA 空中接口的第一层是物理层，物理层由定时结构、无线电射频信道等组成。物理层为设备之间的数据通信提供传输媒体及互联设备，为数据传输提供可靠的环境，物理层协议规定了与建立、维持、断开物理信道有关的特性。这些特性包括机械的、电气的、功能性的和规程性的四个方面。

2. 参考模型中的第二层

数据链路层是开放系统互连（OSI）参考模型的第二层，介于物理层与网络层之间。TETRA 空中接口数据链路层（第二层）又分为两个子层：媒体接入控制（MAC）层和逻辑链路控制（LLC）层。

数据链路层将本质上不可靠的传输媒体变成可靠的传输通路提供给网络层，数据链路层的主要协议有 IEEE802.3，PPP，HDLC，SLIP，FR，LAPB，X.25，LAPB 等。

3. 参考模型中的第三层

开放系统互连（OSI）参考模型中的第三层为网络层，网络层用于本地 LAN 网段之上的计算机系统建立通信。OSI 参考模型的第三层负责在源机器和目标机器之间建立所使用的路由，其主要功能是将网络地址翻译成对应的物理地址，并决定如何将数据从发送方路由发送到接收方。

网络层（第三层）也分成两个子层：较低子层称为移动链路实体（MLE）；较高的子层由三部分组成，即移动性管理（MM）、电路方式控制实体（CMCE）和分组数据（PD），统称子网络接入功能（SNAFs）。

移动链路实体负责控制较低层与无线电相关的功能，包括基站与移动台无线电连接的管理、登记区之内的移动性管理、移动台身份管理、服务质量控制和协议鉴别（传送到较高层实体）等。

4. 参考模型中的第七层

开放系统互连（OSI）参考模型中的第七层为应用层，应用层是 OSI 模型的顶层，应用层中的通用因特网应用程序有：Telnet，FTP（文件传送协议）、SMTP（简单邮件传送协议）和 DNS（域名系统），只有对应的应用程序之间才能互相通信，相对应的应用程序表示处理相同的事情。

1.3.3 TETRA 的空中接口

TETRA 的空中接口是一条数字无线路径，具有组呼、单呼、电话呼叫的功能，能传输高达 256 字节用户数据的短数据业务，有电路交换和分组交换数据的业务，有安全性和鉴权能力。

1. 接口协议及业务

按照信令和用户业务信息在 TETRA 网络中的传输进行划分，TETRA 空中接口协议栈可以垂直划分成一个控制面和一个用户面。控制面处理控制信息和分组业务。用户面处理电路交换的话音和用户数据。

根据业务接入点的不同，基本电信业务可分为用户终端业务和承载业务。用户终端业务提供在用户之间相互通信的全部能力（包括终端功能），除了具有较低层的属性外，还具有较高层的属性。承载业务提供在终端网络接口之间的通信能力（不包括终端功能），具有较低层属性的特征。

2. 上下行成对时隙

TETRA 系统中，上行链路和下行链路的时隙数是相等的，上下行成对时隙之间在时间上错开相当于 2 个时隙的时间差。

3. 帧结构

在 TETRA 帧结构中，18 个 TDMA 帧构成一个复帧，复帧中的第 18 帧用做控制信令，称为控制帧，承载慢随路控信道（SDCCH），是 TETRA 强大协议的特性之一。

4. 业务信道特征

逻辑信道通常可以分为两类：控制信道和业务信道。TETRA 标准中，业务信道主要是传输用户信息，根据传送的话音和数据的速率不同，又可以分为 TCH/S（传输 4.8 kb/s 的话音）和 TCH/7.2（传输 7.2 kb/s 的数据）。

1.3.4 TETRA 空中接口时分多址（TDMA）

1. 帧结构

在 TETRA 帧结构中，每个 TETRA 帧有 4 个时隙，18 个 TETRA 帧构成一个复帧。复帧中的第 18 帧用作控制信令，称为控制帧，它承载慢随路控制信道（SACCH），是 TETRA 的强大特性之一。

2. 猝发结构

TETRA 标准定义了 8 种 TETRA 猝发结构，上行链路猝发的格式有 3 种，下行链路猝发的格式有 5 种。如下行链路常规连续猝发：基站在连续发射时，用下行链路常规连续猝发向移动台发送用户业务信息或控制信息，占用一个时隙的 510 bit。

3. 业务信道

TETRA 业务信道指传输电路交换话音或数据的信道（TCH）。业务信道主要是传输用户信息，根据传送的话音和语速不同，可分为：TCH/S，传输 4.8kb/s 的话音；TCH/7.2，传输 7.2kb/s 的数据；TCH/4.8，传输 4.8kb/s 的数据；TCH/2.4，传输 2.4kb/s 的数据。

4. 基站控制信道分类

基站控制信道分为公用控制信道和专用控制信道两种，基站控制信道仅能传输控制信道信息。TETRA 系统中，控制信道是线性化信道。

1.4 专用无线车站设备知识

知识要求

1.4.1 专用无线固定台

专用无线固定台是为解决地铁无线列车调度通信而研制的设备，通常为调度员提供简易、灵活的调度设备，使调度员能轻松接入无线系统，是城轨列车无线调度通信系统的重要组成部分。

1．设备组成

专用无线固定台经二次开发，由固定台主机、显示面板、操作按键、喇叭、接听手柄等设备组成。

2．设备功能

专用无线固定台主机安装在通信机房，操作终端安装在城轨车站控制室内，主要用于车站值班员与调度员之间的通信，经行车调度员转接可与司机通话。

3．技术指标

专用无线固定台的技术指标如下：

频率精度：±100 Hz（相对于从基站发射频率）。

发射功率：3 W（35 dBm），连续可调。

静态参考灵敏度：＜－112 dBm。

电源：交流 220 V±10%。

软件设置：LCD 背光灯开启与关闭，喇叭声量的调节。

1.4.2 专用无线光纤直放站光近端机

光纤直放站主要由光近端机（OMU）、光纤、光远端机（ORU）几个部分组成，是在无线通信传输过程中起到信号增强的一种无线电发射中转设备。它利用光纤作为传输媒介，来代替光纤直放站空中无线传输，将基站信号传送到需要覆盖的地方，再将射频信号发射出去，是一种解决覆盖死角和传输盲区问题的行之有效的手段。

1．设备组成

光近端机由电源单元、光收发单元、光分路器单元、射频接口单元和监控单元等组成。

2. 设备功能

直放站系统的光近端机通过定向耦合器与基站系统进行连接，将射频信号发射出去，同时，通过天线或漏泄电缆接收信号。

3. 技术指标

光近端机的技术指标如下：

上行工作频率：806~825 MHz。

下行工作频率：851~870 MHz。

基站侧射频输入端口：1个收发合用端口或2个收发分开端口。

光纤直放站光端口：Tx端口4个，Rx端口4个，设备必须具有扩展到10个Tx端口、10个Rx端口的能力。

驻波比（回波）：<2.4:1。

输入射频功率：<10 dBm。

光输出功率：≥0 dBm。

1.4.3 专用无线光纤直放站光远端机

1. 光远端机设备组成

光远端机由电源单元、双工单元、功放单元、光收发单元、监控单元等组成。

2. 功能

无线信号从基站中耦合出来后，进入光近端机，通过电光转换，射频信号转变为光信号，从光近端机输入至光纤，经过光纤延伸距离传输到光远端机，光远端机把光传送的光信号转为射频信号，进入射频（RF）单元进行放大，信号经过放大后送入发射天线，发射到覆盖目标区域。

3. 技术指标

光远端机的技术指标如下：

上行工作频率：806~825 MHz。

下行工作频率：851~870 MHz。

射频输出功率：FF类功放——OIP3≥63 dB，两载频输出时每载频功率为33 dBm±1 dB，A类功放——OIP3≥58 dB，两载频输出时每载频功率为≥26 dBm（三阶互调分量≤-36 dBm）。

光输出功率：≥0 dBm。

光纤直放站的主站及远端站呈冗余热备份：单路下行放大器失效时，输出功率下降不得超过 6.5 dB，并具有自动倒换和网管监控及告警功能。

技能要求

使用通过式功率计测试 TETRA 车载台发射功率与驻波比

在地铁列车运营中，TETRA 车载台是列车驾驶员与行车调度员进行通信联系的唯一有效手段，列车车载台的质量直接关系到运营安全，了解列车车载台的工作原理，熟悉车载台的各项技术指标，掌握对 TETRA 车载台性能的检测相当重要。

操作准备

实训设备及工具的准备见表 1—1。

表 1—1　　　　　　　　　　实训所需的设备及工具

序号	名称	规格	单位	数量
1	通过式功率计	800 MHz 以上	台	1
2	列车车载台		台	1
3	万用表		台	1
4	射频跳线	2 m	根	若干

操作要求

1. 正确连接车载台及相关测试设备。
2. 正确开启设备电源。
3. 操作车载台进入发射状态。
4. 正确读取车载台发射功率值和驻波比值。

操作步骤

步骤 1：关闭车载台电源，如图 1—4 所示。

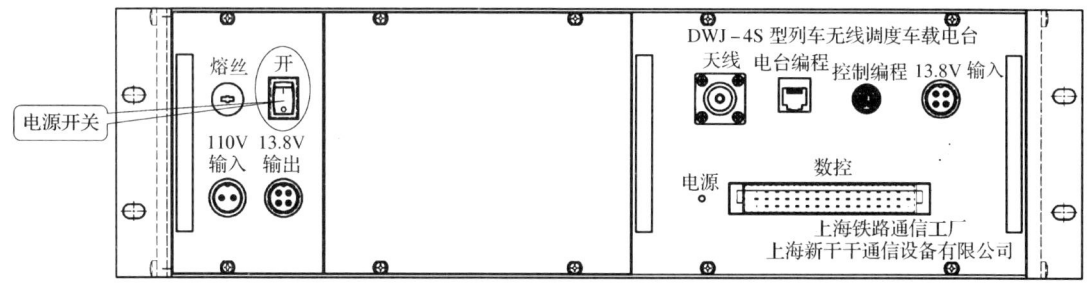

图 1—4　关闭车载台电源

步骤2：将通过式功率计接入车载台射频输出端和天馈线（或射频负载）之间，如图1—5所示。

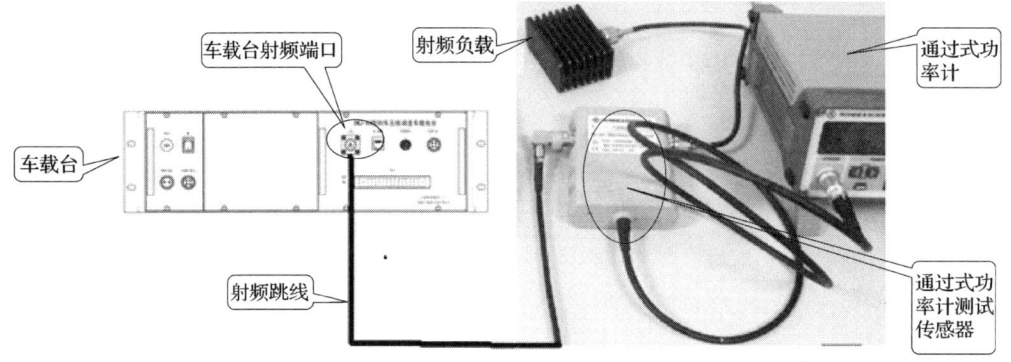

图1—5　接入通过式功率计

步骤3：开启车载台电源，开启通过式功率计电源。

步骤4：摘下受/送话器，按下PTT键，使车载台进入发射状态，如图1—6所示。

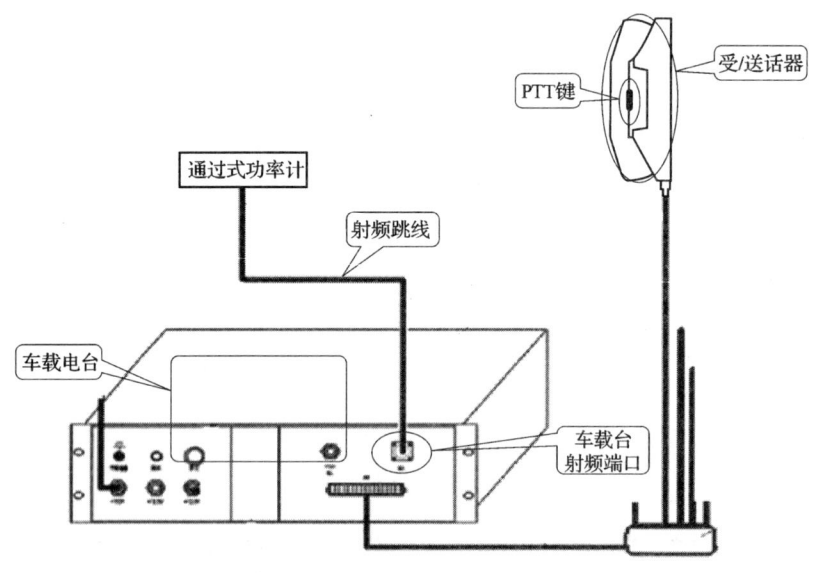

图1—6　车载台进入发射状态

步骤5：观察通过式功率计显示屏，读出车载台的发射功率值和电压驻波比值。

测量车站光纤直放站光远端机的相关技术参数

光纤直放站是无线系统信号覆盖的有效设备，是保证列车安全运营的重要设备。

了解光纤直放站系统的结构和工作原理,熟练掌握使用综合测试仪测试及操作方法相当重要。

操作准备

实训设备及工具的准备见表1—2。

表1—2　　　　　　　　　实训所需的设备及工具

序号	名称	规格	单位	数量
1	专用无线光纤直放站光远端机		台	1
2	综合测试仪		台	1
3	光功率计		台	1

操作要求

1．正确地用连接电缆连接综合测试仪、光纤直放站光远端机。
2．正确地将综合测试仪进行参数设置。
3．正确读出光纤直放站光远端机输出功率。
4．使用光功率计测试光纤直放站输入光功率值。

操作步骤

步骤1:用连接电缆连接综合测试仪、光纤直放站光远端机,如图1—7所示。

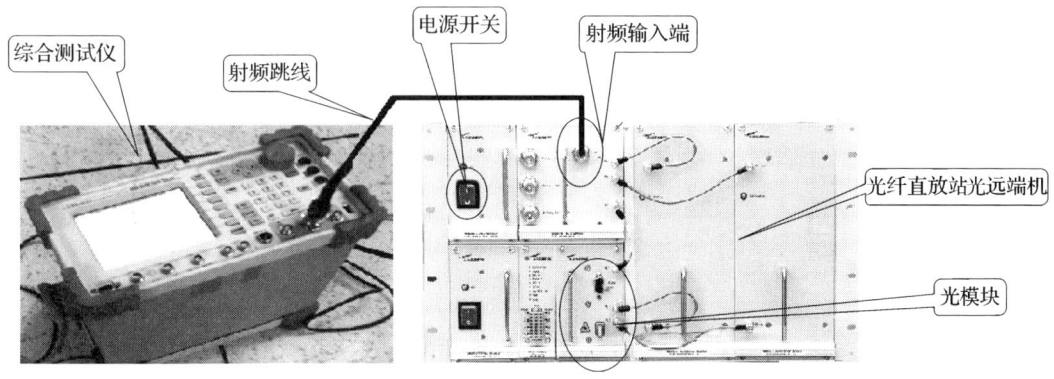

图1—7　连接综合测试仪、光纤直放站光远端机

步骤2:打开综合测试仪和光纤直放站光远端机的电源。将综合测试仪设置为规定界面,读出光纤直放站光远端机输出射频功率值,如图1—8所示。

步骤3:将光纤直放站光远端机光模块输出端与光功率计测试端连接,如图1—9所示。

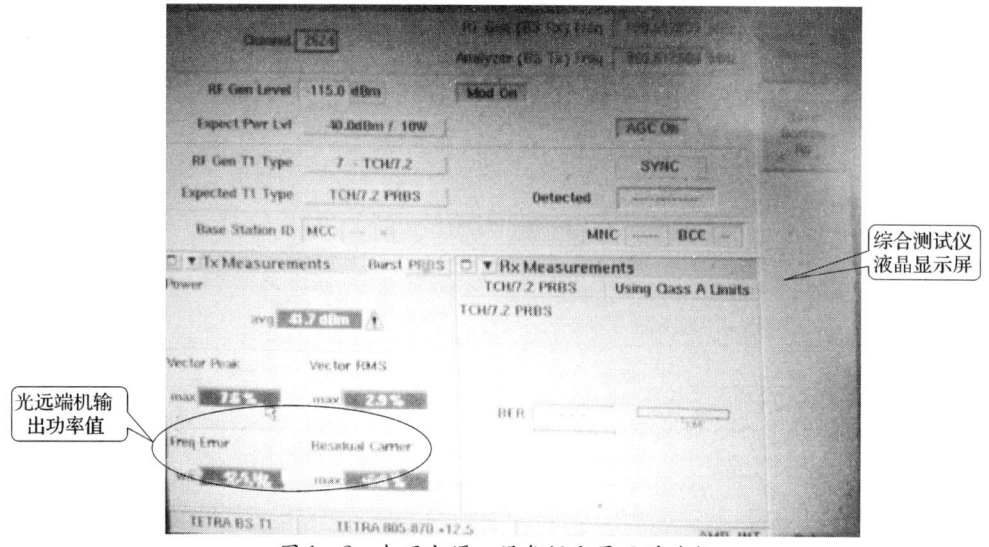

图1—8 打开电源、设备规定界面并读数

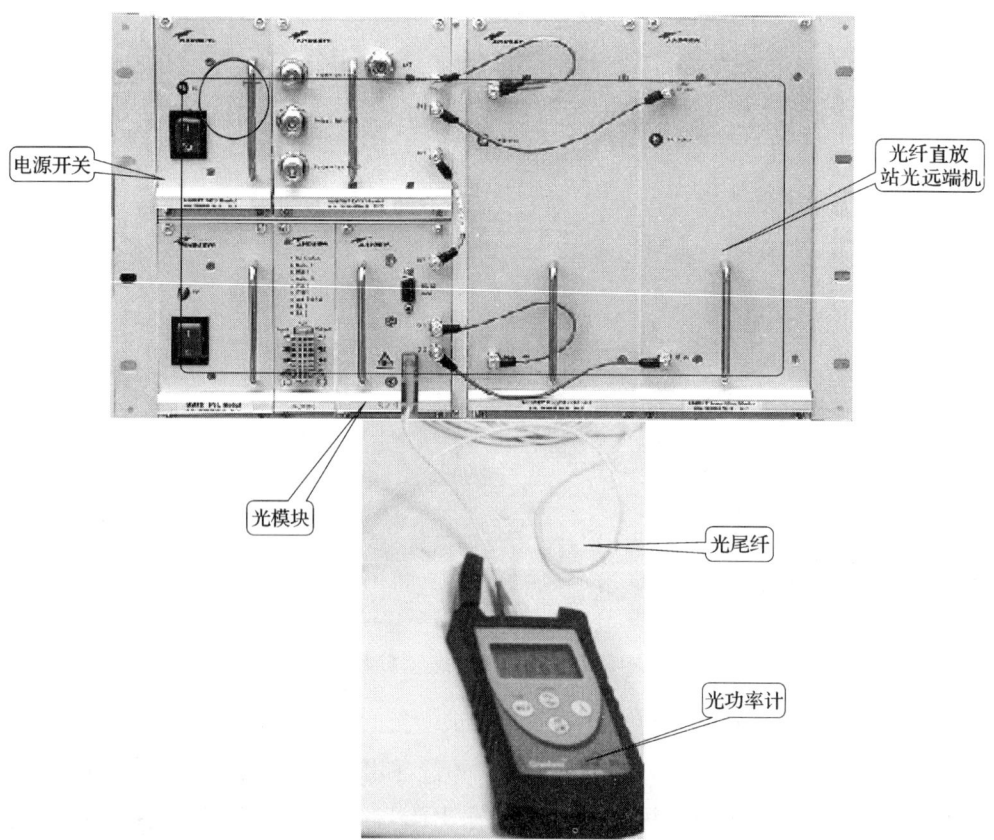

图1—9 光远端机光模块输出端与光功率计测试端连接

步骤4：分别设置光功率计波长为1 310 nm 和1 550 nm，并读出光纤直放站在两种波长下的光功率值，如图1—10所示。

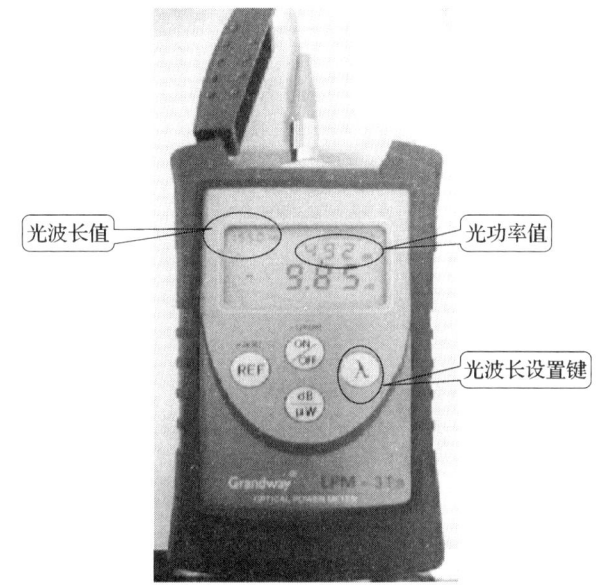

图1—10　设置光功率计波长并读数

本章测试题

一、判断题（将判断结果填入括号中。正确的填"√"，错误的填"×"）

1. 移幅键控调制方式是对数字信号的频率调制。　　　　　　　　　　　　（　　）
2. 移幅键控调制射频系统的优点是发射和接收设备的结构简单，并且功耗比较低。
　　　　　　　　　　　　　　　　　　　　　　　　　　　　　　　　（　　）
3. 移频键控与移幅键控相比的优点是设备成本低。　　　　　　　　　　　（　　）
4. 数字相位调制信号的数学表达式中 $\Delta = 2\pi/n$ 为数字信号的相位值。　（　　）
5. 多段同轴振子天线在垂直平面的波瓣宽度随段数的增加而变宽。　　　　（　　）
6. 移动通信系统中最常见的互调干扰之一是同频干扰。　　　　　　　　　（　　）
7. TETRA 系统中，在收发数据时，系统允许最多使用6个时隙。　　　　　（　　）
8. 开放系统互连（OSI）参考模型中的第一层为数据链路层。　　　　　　（　　）
9. 在 TETRA 帧结构中，18个 TDMA 帧构成一个复帧。　　　　　　　　（　　）
10. TETRA 系统中，控制信道可以传输4.8 kb/s 的数据。　　　　　　　　（　　）

二、单项选择题（选择一个正确的答案，将相应的字母填入题内的括号中）

1. 幅度调制是一种（　　），数位基带信号的频谱经调制后被搬移到中心频率为 ω 的载波频带上，而不改变其频谱结构。

  A．线性调制　　　B．非线性调制　　　C．动态调制　　　D．静态调制

2. 移频键控是数字信号的（　　）。

  A．幅度调制　　　B．频率调制　　　C．相位调制　　　D．跳频

3. 移频键控与移幅键控相比的（　　）是充分利用放大器的功率输出。

  A．差异　　　B．区别　　　C．优点　　　D．缺点

4. CDMA 是利用不同的（　　）分割成不同信道的多址技术。

  A．频率　　　B．时间　　　C．码序列　　　D．空间

5. 多段同轴振子天线在垂直平面的波瓣宽度随（　　）的增加而变窄。

  A．频率　　　B．段数　　　C．波长　　　D．周期

6. 移动通信系统中最常见的互调干扰之一是（　　）。

  A．同频干扰　　　B．邻道干扰　　　C．发射机干扰　　　D．码间干扰

7. 移动通信系统中（　　）相邻信道间隔为 20 个信道。

  A．最小　　　B．最大　　　C．平均　　　D．每个

8. TETRA 系统中，在收发数据时，系统允许最多使用（　　）个时隙。

  A．2　　　B．3　　　C．4　　　D．5

9. 在 TETRA 系统中每个（　　）的通信能力为 7.2 kb/s。

  A．话音时隙　　　B．基本时隙　　　C．信道　　　D．频道

10. 网络层用于本地 LAN 网段之上的（　　）系统建立通信。

  A．对讲机　　　B．计算机　　　C．通信　　　D．传输

本章测试题答案

一、判断题

1．×　2．√　3．×　4．×　5．×　6．×　7．×　8．×　9．√　10．×

二、单项选择题

1．A　2．B　3．C　4．C　5．B　6．C　7．A　8．C　9．B　10．B

技能操作复习题

一、用综合测试仪测量车站光纤直放站光远端机的输出功率值，用光功率计测量光纤直放站的输入光功率值。

试题单

（1）操作条件

1）综合测试仪（UHF 频段以上）一台。

2）光功率计一台。

3）光纤直放站一套（一台光近端机和一台光远端机）及连接电缆若干。

（2）操作内容

1）用连接电缆连接综合测试仪、光纤直放站光远端机。

2）将综合测试仪设置为规定界面。

3）读出光纤直放站光远端机的输出射频功率值。

4）读出光纤直放站的输入光功率值。

（3）操作要求

1）正确地用连接电缆连接综合测试仪、光纤直放站光远端机。

2）正确地将综合测试仪设置为规定界面。

3）正确读出光纤直放站光远端机的输出功率值。

4）正确使用光功率计测试光纤直放站的输入光功率值。

二、使用笔记本电脑检查光近端机的工作状态

试题单

（1）操作条件

1）安德鲁光纤直放站光近端机一台。

2）安德鲁光纤直放站光远端机一台。

3）笔记本电脑一台。

4）专用数据电缆一根。

（2）操作内容

1）用专用数据电缆连接笔记本电脑和光近端机 MMC 模块 RS232 端口。

2）打开笔记本电脑，进入安德鲁光纤直放站专用拨号连接。

3）输入用户名和密码，笔记本电脑与光近端机进行拨号连接。

4）拨号连接成功后，打开浏览器页面，进入安德鲁光纤直放站 IE 接口操作界面。

5）检查光近端机各模块和光远端机各模块工作状态、告警信息等。

（3）操作要求

1）正确连接笔记本电脑和光近端机 MMC 模块 RS232 端口。

2）正确使用笔记本电脑对光近端机进行拨号连接。

3）正确使用安德鲁光纤直放站 IE 接口操作界面，对光近端机、光远端机内各模块工作状态进行检查。

第 2 章

交换车站设备

学习目标

- ☑ 了解交换网络的概念
- ☑ 掌握交换网络的组成及原理
- ☑ 了解程控数字交换机的控制方式
- ☑ 掌握程控数字交换机软件和硬件设备组成
- ☑ 了解时钟系统的组成
- ☑ 掌握时钟系统的组网和工作原理
- ☑ 了解交换车站设备的组成
- ☑ 掌握交换车站设备的性能及维护

2.1 交换网络基础知识

知识要求

2.1.1 交换网络

交换网络可以被看成由若干入线、出线构成的交叉接点排列而成的交换矩阵,也可以称为接线器。交换网络的入线与主叫用户接口电路相连,出线与被叫用户接口电路或者中继接口电路相连。而接口电路的作用是把来自用户线或中继线的信息转换成交换设备可以处理的信息。

交换网络的线束利用度用来描述交换网络入线和出线的连接接通率的情况,分为全利用度线束和部分利用度线束。

1. 全利用度线束

全利用度线束,即任意一条入线可以与任意一条出线相互连接。

2. 部分利用度线束

任意一条入线只能与部分出线连接的情况称为部分利用度线束。

两者相比较,全利用度线束接通率高,但出线效率低。

2.1.2 数字交换网络

数字交换也称时隙交换,能将不同时隙上的信息在不同时间段上进行换位。总的来说，数字交换网络具有在同一条总线的不同时隙之间进行交换，同一时隙在不同总线之间进行交换，在不同总线的不同时隙之间进行交换这三种功能。数字交换网络是以时间接线器和空间接线器为基础组成的交换网。

1. 时间接线器的组成及工作方式

时间（T）接线器主要由话音存储器（Speech Memory，SM）和控制存储器（Control Memory，CM）这两种随机存储器组成。话音存储器数字电路的组成包括随机存储器（RAM）、与门、或门及一系列读/写控制电路。控制存储器数字电路的组成包括随机存储器（RAM）、反相器、锁存器等元器件。

时间（T）接线器的工作方式分为输出控制和输入控制两种模式。这两种工作方式是根据话音存储器写入信号和读出信号的受控方式决定的，写入信号受定时脉冲控制，而读出信号受控制存储器控制的是输出控制模式，也称为"顺序写入，控制读出"。反之，写入信号受控制存储器控制，读出信号受定时脉冲控制的则是输入控制模式，也称为"控制写入，顺序读出"。

2. 空间接线器的组成及工作方式

空间（S）接线器其实就是一个交叉矩阵，在交换机的数字交换网络中，该交叉矩阵称为空间接线器交叉接点矩阵。每一个交叉接点分配给一个正在通信的用户。空间接线器包含了交叉接点和控制存储器（CM）这两部分。

空间接线器的工作方式也分为输出控制模式和输入控制模式。同号输出端的所有交叉接点由每一个控制存储器控制，称为输出控制。同理，同号输入端的所有交叉接点由每一个控制存储器控制，称为输入控制。

空间接线器的电路由交叉接点矩阵的逻辑控制电路和控制存储器的数字电路这两部分构成。前者由若干电子选择器芯片组成，后者由RAM、锁存器、比较器和与门、非门组成。

2.1.3 多级交换网络

多级交换网络是时间和空间接线器各种不同形式的组合，如T-S、S-T、T-S-T等，最为常见的是T-S-T和S-T-S交换网络。多级交换网络的出现弥补了单级时间接线器网络容量不足的问题。

在T-S-T交换网络中，由于信号的发送和接收是分开的，所以输入级时间接线器和输出级时间接线器必须采用不同的控制方式，但空间接线器却可以用任何一种输入输出控制方式，所以T-S-T交换网络中共分为四种控制方式：入-入-出、入-

出－出、出－入－入和出－出－入。

2.2 程控数字交换机

知识要求

2.2.1 控制方式

程控数字交换机控制系统的控制方式经历了集中控制方式、分级控制方式和全分散控制方式三个阶段的发展历程。

1. 集中控制方式

集中控制方式是仅配备一台处理机来承担交换机的所有控制工作。这台处理机具有交换机应该具备的完整的处理功能。但由于集成度太高，一旦发生故障会导致全局瘫痪。故针对这种情况，一般都设置双机冗余的配置方式，配置冷、热备用方式。

2. 分级控制方式

分级控制方式的出现得益于微型计算机技术的发展，分级控制方式有两种形式：多级处理机方式和分级多机方式。前者由多台处理机组成，每台处理机分管交换机中的一部分工作，每台处理机的功能不尽相同。后者是根据每个功能配置多台处理机，采用平均分配负荷的方式。

3. 全分散控制方式

全分散控制方式中每个处理机各自构成了独立的控制子系统。每个子系统负责一定负荷的话务接续，并通过总线连接。由于每个子系统拥有全部的功能，所以一旦出现一台子系统的故障，也只影响局部的通信，不会将负荷转嫁至其他子系统。

2.2.2 程控数字交换机的组成

程控数字交换机由软件部分和硬件部分组成。

1. 软件部分

交换机的软件部分主要由程序和数据两大部分组成，程序又分为运行程序和支援程序。

（1）运行程序。运行程序也称联机程序，是交换机正常运作所必需的程序。它主要由系统软件和应用软件组成。系统软件负责对设备进行监视，对任务进程进行调度，对故障进行诊断处理,并提供人机通信的程序,执行各种控制命令。应用软件则由管理外设和呼叫接续的呼叫处理程序及提供人机管理平台的维护运行程序组成。

(2)软件语言。任何软件都要通过软件语言来实现,交换机也不例外。交换机的软件语言包括了高级语言和汇编语言。国际电报电话咨询委员会(International Consultative Committee on Telecommunications and Telegraph,CCITT)建议将 SDL 语言、CHILL 语言和 MML 语言作为程控数字交换机的专用语言。

例如,在 HIPATH4000 程控数字交换机中有如下语句:

DIS – SCSU:60898;

表示显示号码为 60898 的所有信息。

交换机数据分为三部分,分别是适用于所有交换局系统所共有的系统数据,描述电话局的类型、容量、状态和配置的局数据及关于用户信息的用户数据。系统数据由设计研发人员定义,维护人员可以修改局数据和用户数据。

2. 硬件部分

(1)模拟用户接口。模拟用户接口又称 Z 接口,与模拟用户线相连,包括 Z1、Z2、Z3 接口。

(2)模拟中继接口。模拟中继接口又称 C 接口,与模拟中继线相连,包括 C1、C2、C11、C12、C21、C22 接口。

(3)数字用户接口。数字用户接口是程控数字交换机和数字用户线相连的接口,又称 V 接口,包括 V1、V2、V3、V4、V5 接口。

2.2.3 程控数字交换机的外围设备

程控数字交换机的外围设备主要由外置存储器、维护与操作终端和计费系统组成。

1. 外置存储器

外置存储器的主要功能是用于加载及转存数据,设置外置存储器的目的在于节省程控数字交换机的内存空间,提高运算速率。

2. 维护与操作终端

维护与操作终端设备一般是一台计算机,通过 RS232 接口或者网络接口与程控数字交换机的维护 I/O 接口连接,具有运行、管理、维护和话务台的功能。

3. 计费系统

计费系统的产生是为了收取电话系统的建设费用,做到收支平衡,一个合理的计费系统能保障系统的正常运行,提高管理水平,减少话费纠纷。

2.2.4 电信网的规程

电信网是一个复杂的体系,从宏观上讲,分为基础网、业务网和支撑网三大类,其基本任务是使处在任何地点的两个用户建立相互间的通信。

1. 电话号码规程

程控数字交换机能通过电话号码判断呼叫的类别,进行寻址。电话号码的编排应遵循以下原则:

(1)电话号码是唯一的,任何一台终端有且仅有一个电话号码。

(2)电话号码的编排要有规律,便于记忆,也便于交换机选择路由。

(3)电话号码位数尽可能少,但考虑到扩容,应留有余地。

2. 路由规程

(1)设备组成。路由设备是电信网的基本组成之一,包括用户回路、总配线架设备、交换机设备、局间中继设备等。用户回路通常包括双绞线、分线箱、用户电缆等设备;总配线架设备除了完成配线功能外,还能起到过电保护作用;交换机设备则起到话音交换的功能;局间中继设备包括电缆、PDH 设备、SDH 设备等。

(2)涉及因素。路由规程应考虑用户(中继)话务量和呼损等因素。所谓呼损,简单地说就是由于交换网络的出线全部被占用,即话务量过大,或者控制系统负荷过大而导致呼叫接续失败。电信网的路由规程实际上就是针对路由组网方案的设计。在指定各个交换机之间的话务量后,彼此之间应配备中继线数目、中继线的连接方案。

(3)电话网络等级。我国的电信网目前采用的是等级制树形网络,电话网络等级划分为五级,由长途网和本地网两部分组成。长途网分为四大级别,分别是大区(我国的六大行政区域)中心 C1、行省中心 C2、地区中心 C3、县中心 C4,本地网由端局 C5 和汇接局 Tm 组成。

3. 同步规程

(1)数字信号的同步。数字信号的同步关键是时钟信号的同步,只有接收、发送两端设备的时钟工作在一个频率和相位,才能保证数字信号传送和交换的准确性。

(2)电信网的网同步。电信网的网同步方式可分为两大类:准同步方式和同步方式。而同步方式又分为主从同步和相互同步。主从同步是指将网络中的某个节点的时钟作为基准时钟,其他的节点都以该节点作为参考进行校时。相互同步是指两个或者多个节点互相将对方的时钟频率作为参考,并且调整自身的时钟频率,最终使得整个网络达到一个稳定的时钟频率。

2.2.5 信令系统

信令系统是电信网的重要组成部分之一。信令是一种指导设备正常工作的指令。按照作用的区域划分，信令可以分为用户线信令和局间信令。

用户线信令作用于用户终端设备（如电话机）和电话局的交换机之间，后者作用于两个用中继线连接的交换机之间。

局间信令分为随路信令和共路信令。随路信令即信令网附在计算机网络或是电话网络上，不需要重新建一个网络；共路信令则是需要重新建设一个信令网（主要是在局端之间）。例如，开始打电话的时候，拿起电话机时就有信号传到当地的电信局端，一系列交换后，本局端就先在网络上发送信令，等对端收到信回应一个信令同意通话，此时网络上传输信令功能就算完成了，开始传输语音信号，就可以通话了。等电话结束的时候，同样需要通过信令来控制电路拆除。总之，信令实际上就是一种用于控制的信号。

2.3 时钟系统

知识要求

2.3.1 时钟系统的工作原理

1. 时间时钟系统工作原理

时间时钟系统是城市轨道交通运行的重要组成部分，其作用是为工作人员和乘客提供统一的标准时间，并为其他各相关系统提供统一的标准时间信号，使各系统的定时设备与本系统同步，从而实现统一的时间标准。

2. 时钟信号的同步方式

在时钟同步系统中，时钟源的精度、时钟信号的传输方式和同步方式是同步技术的关键部分，直接影响系统的精度。

时钟信号的同步方式通常采用主从同步方式，由高精度的上级时钟去同步低精度的下级时钟，使下级时钟的精度与上级时钟接近。

3. 校时信号的接收

时间时钟系统的信号通过接收 GPS 信号进行校时。GPS 接收终端检测 GPS 卫星发送的扩频信号，通过相关运算获取到达时间信息并由此计算出卫星到接收机的距离，再结合卫星广播的星历信息计算卫星的空间位置，完成定位计算，计算出自己的三维位置（经纬度与海拔高度）、运动速度与方向及精确的时间信息。

2.3.2 时钟系统的组网

1. 时钟系统网络

原来的时钟系统由相关线路专门配置，包含 GPS 接收设备，并提供标准时间信息给该线路内的相关系统。即原来的时钟系统按一级母钟和二级母钟两级组网方式设置，采用分布式结构，通过计算机进行集散式控制。时钟系统主要包括：设在控制中心的 GPS 信号接收单元、一级母钟、中心接口和网络管理终端、电源等，设在车站（车辆段）的二级母钟、时间显示单元（子钟）、车站接口设备，以及传输通道等。二级母钟独立于一级母钟，可单独控制子钟，一级母钟可对二级母钟进行管理监控。

但是在城市轨道交通网络化运营后，由于不同的 GPS 接收设备所提供的时间存在差异，各系统内的时间同步机制不完善，同时一些陈旧系统或设备的时间同步机制不健全，或根本就没有时间同步机制，造成各线路间时间显示、时间记录不同步情况的发生。由此产生的影响，不但涉及城市轨道交通的形象，还涉及对设备或系统故障的判断和及时恢复，以及对重大事件的判断、处置和信息的准确发布，并对城市轨道交通网的安全运营和管理产生隐患。因此，面向城市轨道交通网络化运营，建立统一的中心时间源平台，为各线路的各机电系统提供统一的时间，达到全网络系统时间、时间显示的一致和时钟同步，是迫切的需求。时钟系统框图如图 2—1 所示。

2. 计算机网络的时间同步方法

目前，网络时间同步的标准协议称为网络时间协议（Network Time Protocol，NTP）。NTP 由美国德拉瓦大学的 David L. Mills 教授于 1985 年提出，是设计用来使 Internet 上的计算机保持时间同步的一种通信协议。根据网络时间协议可以估算出数据包在 Internet 上的往返延迟，并可独立地估算计算机时钟偏差，从而实现网络上计算机间可靠和精确的时间同步。

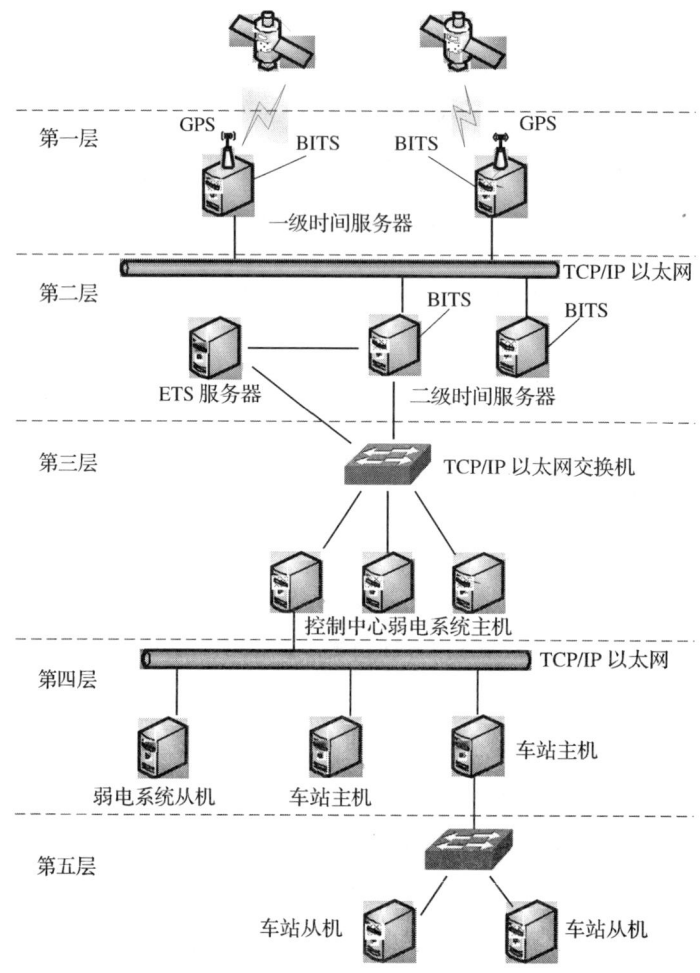

图 2—1 时钟系统框图

2.4 交换车站设备知识

知识要求

2.4.1 AP3700

1. 设备组成

AP3700 位于标准 19″机架上,直接连接实时通信服务器。

AP3700 包括：19″独立式、可堆叠的机架安装外壳，13 个外围槽，312 个通信端口。它完全支持 IP 与 TDM 设备，强迫风冷却，支持电源冗余。AP3700 设备如图 2—2 所示。

图 2—2　AP3700 设备

2．设备功能

AP3700 远端模块用于安放各种 HiPath4000 网关的机框或服务器，完全支持所有线路和中继网关。AP3700 远端模块可本地连接一个主机实时通信服务器，或通过 IP 网络连接一个远程实时通信服务器。

3．设备特点

AP3700IP 远端模块可分布于 IP 网络（局域网和/或广域网）内的任何位置，有两种不同形式，均支持所有线路和中继网关卡。

2.4.2　系统交换机硬件的操作

1．模块的插拔操作

模块的插拔必须使用专用工具 module key，图 2—3 所示为正确的插板、拔板姿势和方法。

Hicom300E/HiPath4000 专用模块可以直接插入槽位中使用，Hicom 通用模块则须使用模块适配器——SIVAPAC - SIPAC Adapter。一套 SIVAPAC - SIPAC Adapter 由 3 个插件组成，安装方法与次序如图 2—4 所示。现有系统中模块，如 DIUC、DIUS2 等需要使用适配器。

图 2—3　正确的插板、拔板姿势和方法

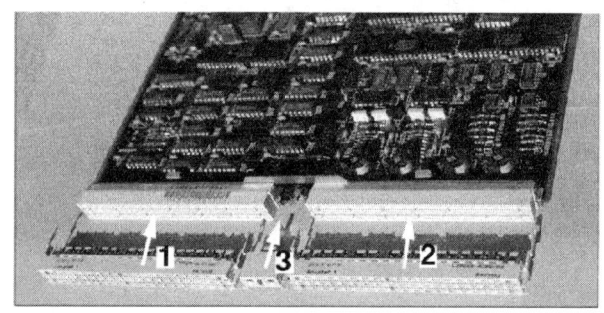

图 2—4　安装方法与次序

2．电源操作

（1）关闭 HiPath4300 电源的操作步骤

1）关闭 PSUP 电源开关。

2）关闭 LPC80 电源开关。

3）拔出连接在 LPC80 电源上的电源线。

（2）关闭 HiPath4500（无冗余）电源的操作步骤：

1）关闭 PSUP 电源开关。

2）关闭 LPC80 电源开关。

3）拔出连接在 LPC80 电源上的电源线。

（3）关闭 HiPath4500（冗余）电源的操作步骤

1）关闭位于电源柜正面的 -48 V TALK 保险开关，如果配备了两个电源柜，请关闭电源柜之间的 TALK 保险开关。

2）按下列顺序关闭 HiPath 4500 第一个机柜中的直流电源：找到第一框（位于第一机柜的中央控制机框）；关闭如图 2—5 所示位置的保险开关。

3）关闭位于电源柜正面的 -48 V BULK 保险开关。

4）关闭位于 ACDPX 机框的 LPC 电源开关。

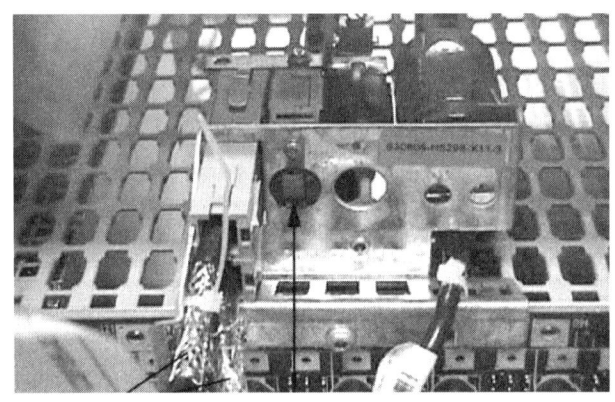

图 2—5 关闭 HiPath4500 电源的方法与次序

5) 拔出电源柜背面的交流电源线。

6) 如果配备了第二个电源柜,切断与第二个电源柜的 -48 V BULK 连接。

3. 盖板的操作

(1) 打开前盖板的次序如图 2—6 中 1、2、3、4 所示。

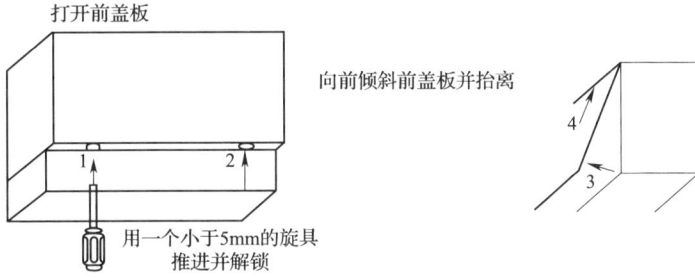

图 2—6 打开前盖板的次序

按图 2—6 的操作次序打开前盖板,如图 2—7 所示。

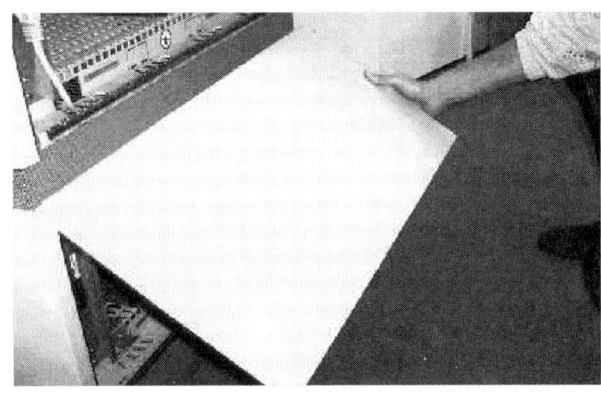

图 2—7 打开前盖板

（2）打开顶部的后盖板的次序：旋开1处的螺钉，抬起2、3处，如图2—8所示。

图2—8　打开顶部后盖板的次序

（3）打开下面的后盖板，只需抬起后盖板即可，如图2—9所示。

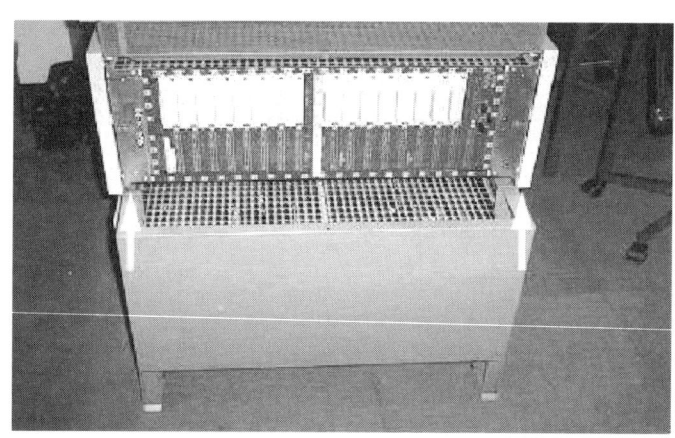

图2—9　打开下面的后盖板

2.4.3　系统交换机的连接

1. 串口连接

系统交换机维护终端通过V.24串口与Hicom/HiPath的控制模块DPC5/DSCX正面的V.24相连。连接速度为：4800，e，7，1。

2. LAN口连接

系统交换机维护终端通过LAN口与Hicom/HiPath的控制框背板的LAN口（Hicom330E/HiPath4300）连接，或与HUBC板（Hicom350E/HiPath4500）上的LAN口相连。

2.4.4 AMO 指令介绍

1. AMO 指令的语法格式

AMO 指令语法格式：

动词 + 指令：参数 1，参数 2，……，参数 n；

常用动词有：

ADD：建立新数据。

CHA：修改当前数据。

DIS：查看当前数据。

DEL：删除当前数据。

REG：再生当前数据。

DEA：关闭。

ACT：开启。

2. 简单指令介绍

（1）版本信息查看

DIS – VEGAS；

H500：AMO VEGAS STARTED

SYSTEM NO.　　　　AMO　APS NO.　　　　START　USER　STATUS

SWU：L31906Z9033A00001 REGEN P30252B4500B00108 25.12.08　14：00 LINE8 FINISHED

ADS：L31906Z9033A00001 REGEN P30252B4500A00108 25.12.08　14：03 LINE8 FINISHED

AMO – VEGAS – 111　ADMIN. OF DATABASE GENERATION RUNS ON SUPPORT SYSTEM

DISPLAY COMPLETED；

（2）用户容量查看

DIS – CODEW；

H500：AMO CODEW STARTED

　　SALES UNIT COUNTERS

　==================

CODEWORD：BCHXDKYURWVFC4T81WCZ9SU9HZJEMTAT5T399K76R 1JAC25JHL

BM9LAD59HMG4R1　　　AYMXSMG4KE882ZJZJY5WK623EBBAYU4ANNC9B 5FJHY7ARR AGTXLMM4Y851

VERSION	: H206
SERIAL NUMBER	: 4
HARDWARE ID	: CD5982D8
ENTRY DATE	: 15.12.2008
TRIAL MODE	: NOT ACTIVATED
CONFIRMATION	: 348

UNIT	CON-TRACT	USED	FREE	BLOCKED
COMSCENDO		8220	3225	4995
COMSCENDO SECURITY		0	0	0
CORDLESS E		0	0	0
PNE		0	0	0
SIGNALING SURVIVABILITY		0	0	0
CC – AP FOR AP EMERGENCY		1	1	0

（3）分机数据查看

DIS – SCSU：86881；

H500： AMO SCSU STARTED

------------------------------ USER DATA ------------------------------

STNO	= 86881	COS1	= 30	DPLN	= 0	SPDI	= 10
PEN	= 1 – 5 – 2 – 17	COS2	= 30	ITR	= 0	SPDC1	= 0
DVCFIG	= ANATE	LCOSV1	= 2	COSX	= 0	SPDC2	=
INS	= YES	LCOSV2	= 2			RCBKB	= NO
PMIDX	= 0　ALARMNO = 0	LCOSD1	= 1	HMUSIC	= 0	RCBKNA	= NO
SSTNO	= NO　COTRACE = NO	LCOSD2	= 1	SPEC	=		
COFIDX	= 0　DIAL = DTMF	PULSTYPE	=	PULSLEV	=		

CCTIDX =   ACKST =   TEXTSEL =
DHPAR =   NEONMWI =
CONN   = DIR FLASH = YES   DTMFBLK = NO   WITKEY：NO
---------------------- ACTIVATION IDENTIFIERS FOR FEATURES ----------------------
DND   ：NO   CWT   ：NO
HTOS   ：NO   HTOF   ：NO   HTOD   ：NO   VCP   ：NO
---------------------- FEATURES AND GROUP MEMBERSHIPS ----------------------
PUGR   ：1   HUNTING GROUP   ：NO
NIGHT OPTION   ：NO
---------------------- STATION ATTRIBUTES（AMO SDAT）----------------------
NONE

(4) 端口状态查看

DIS – SDSU：ALL, STNO, PER3, 86881;

H500： AMO SDSU STARTED

　STATION NUMBER ACCORDING TO PORT EQUIPMENT NUMBER

　MOUNTING LOCATION   MODULE NAME   BDL BD (# = ACT)   STATUS
　** . LTG 1. LTU 5. 002 SLMA24   A   Q2246 – X   READY
　STNO INPUT CCT   LINE   STNO SI   BUS TYPE
　86881   017   1758   86881 VOICE   READY
　　　　ELEM DEV...... ANALOG TERM READY
　　　　(ALT_ ROUT：N)   (ANATE   )

有如下端口状态：

READY：准备状态。

NOGEN：未作设置。

SOFTLOCK：软件闭锁（与 AMO 有关）。

LOCAK：硬闭锁。

BUSY：正在占用。

DEF：由于故障闭锁。

NPR：板卡未插入。

UNACH：上一级闭塞。

DEFIL：线路上故障。

CP：由呼叫处理系统占用。

技能要求

在某一物理位置上删除模拟用户板再添加上的操作

操作准备

操作设备及工具的准备见表2—1。

表2—1　　　　　　　　　实训所需的设备及工具

序号	名称	规格	单位	数量
1	西门子Hicom或HiPath程控交换机	Hicom350E或HiPath4000程控交换机	套	1
2	西门子Hicom或HiPath维护终端	Hicom350E或HiPath4000维护终端	套	1
3	模拟电话	西门子818电话	门	3
4	模拟用户板	SLAM24	块	1

操作要求

1. 关闭模拟用户板的所有端口。

2. 删除模拟用户板上的所有分机号，有三个步骤：先显示这块板上的所有号码；再生成这块板上的所有号码；删除该板上的所有分机号码。

3. 关闭模拟用户板。

4. 删除模拟用户板。

5. 在物理位置1-11-67上增加模拟用户板（SLAM）：可插上模拟用户板。

6. 在模拟用户板上增加分机。

操作步骤

步骤1：关闭模拟用户板的所有端口。

物理位置1-11-67这块模拟用户板共有24路电话，那么就应该关闭24个端口，如图2—10所示。

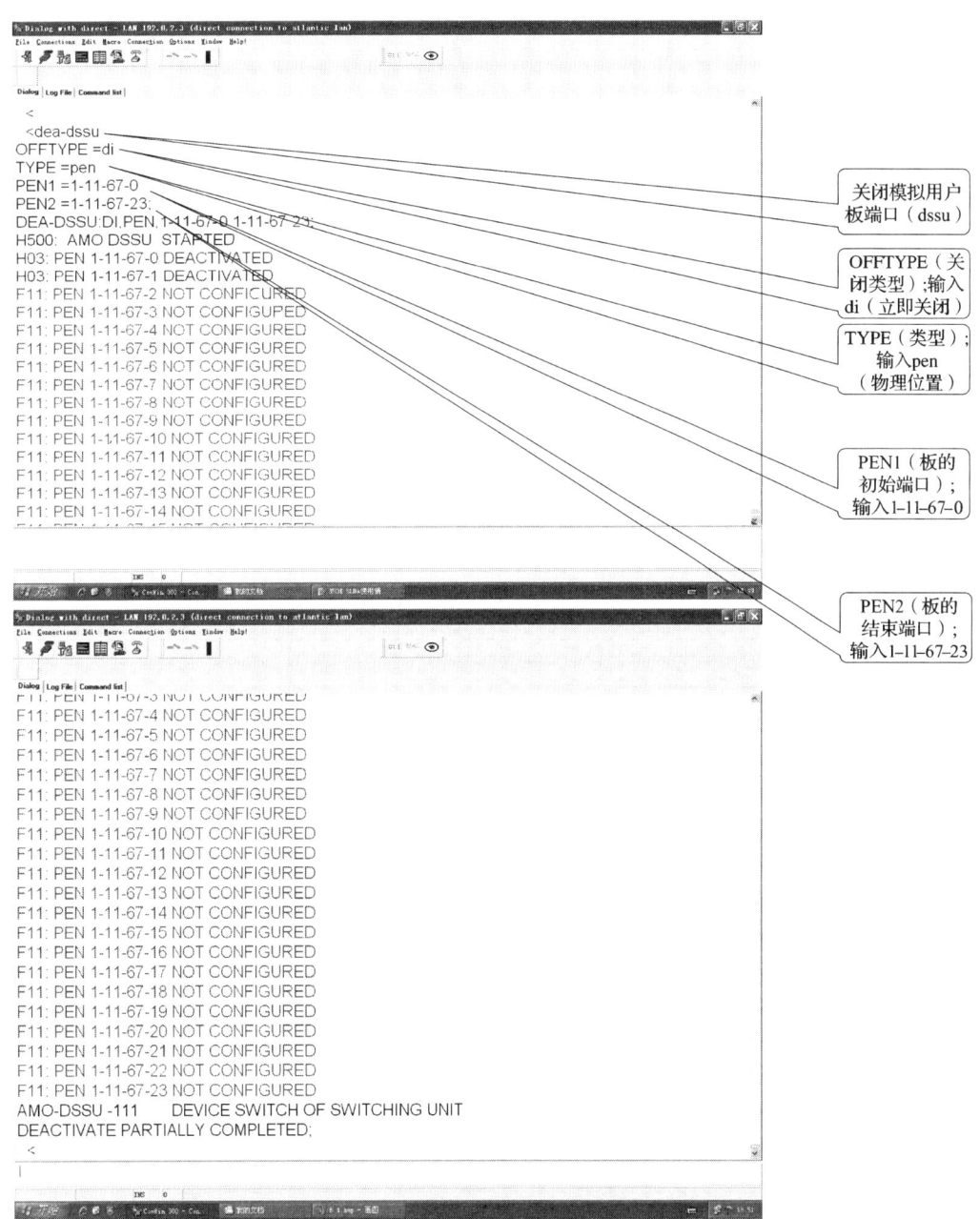

图 2—10 关闭模拟用户板的所有端口

步骤 2：删除模拟用户板上的所有分机号，有以下三个步骤。

（1）显示这块板上的所有号码。

这块板有 2 门电话，分别为 76900 和 76901。模拟用户板一共可有 24 门电话，现只有 2 门电话，如图 2—11 所示。

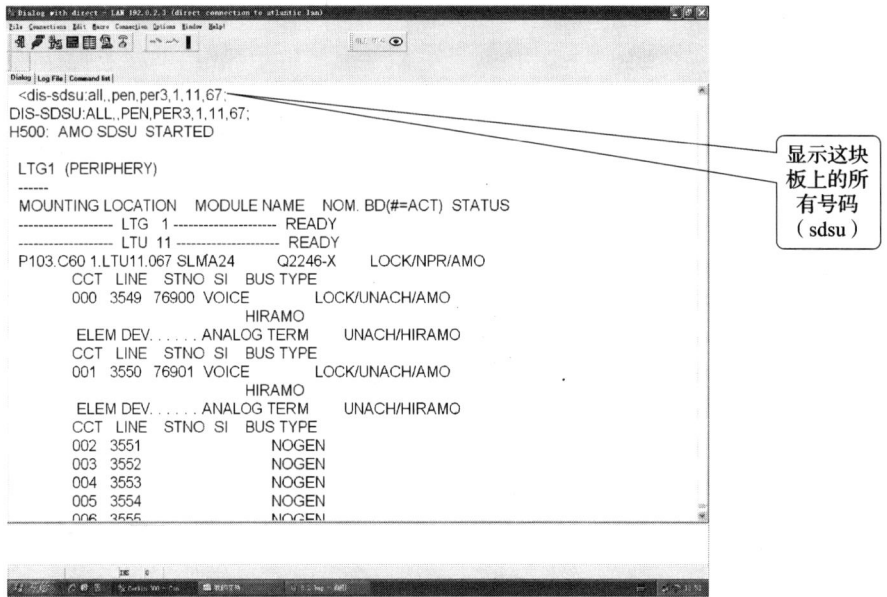

图 2—11　显示这块板上的所有号码（sdsu）

（2）再生成这块板上的所有号码。

就是生成已做好的分机数据，即生成在物理位置 1-11-67 这块板上的 2 门分机的数据，便于实现以后同类数据批量导入，如图 2—12 所示。如果加别的号码只不过是物理位置和分机号码不同，其他类型都差不多，就无须一个个号码地加了。

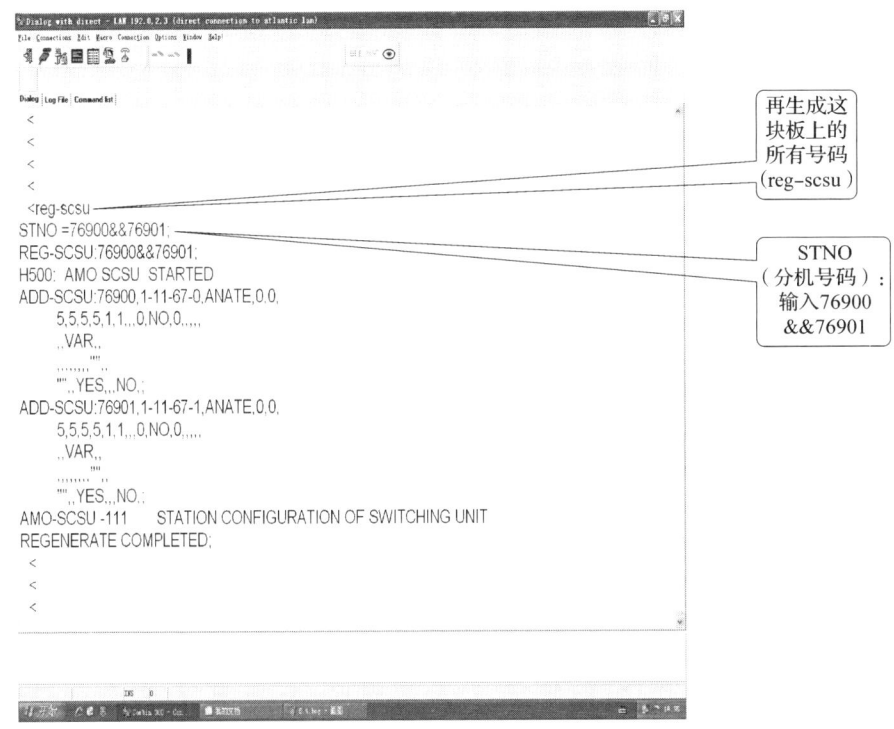

图 2—12　再生成这块板上的所有号码

（3）删除模拟用户板上的所有分机号码。删除 76900 和 76901 2 门电话的数据，如图 2—13 所示。

步骤 3：关闭模拟用户板。

关闭模拟用户板的所有端口如图 2—14 所示。

步骤 4：删除模拟用户板。

删除模拟用户板如图 2—15 所示。

拔出模拟用户板如图 2—16 所示。

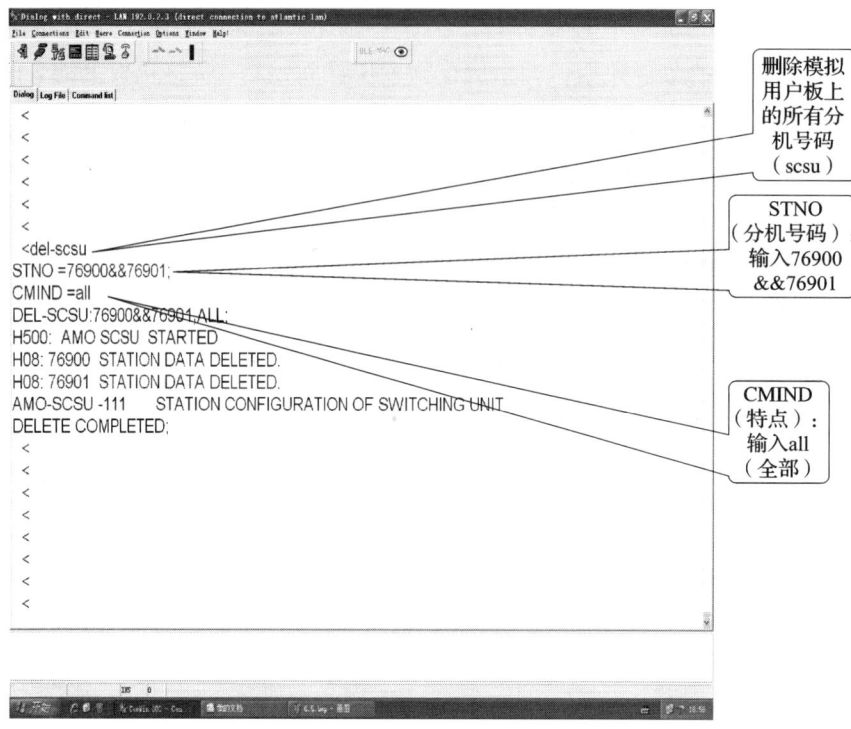

图 2—13　删除模拟用户板上的所有分机号码

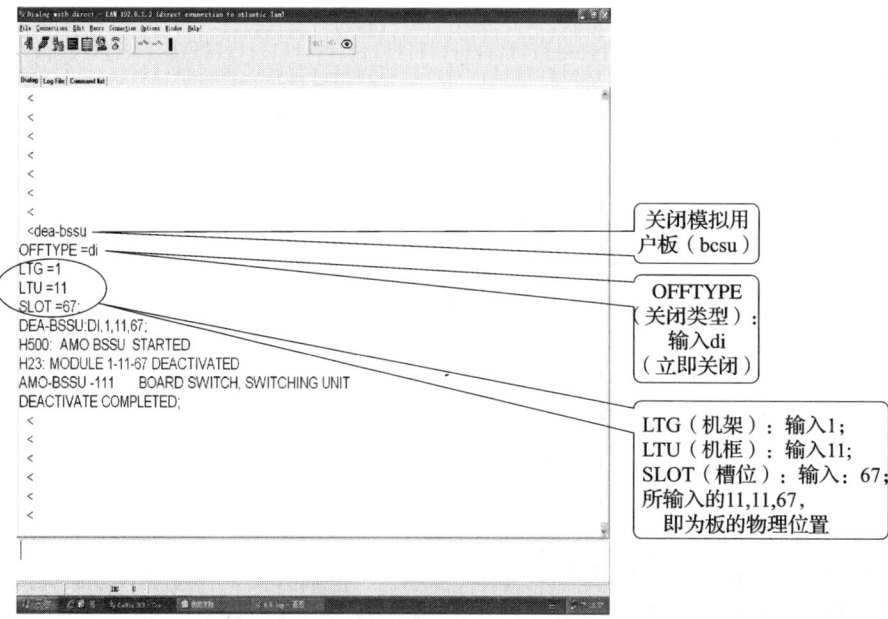

图 2—14　关闭模拟用户板的所有端口

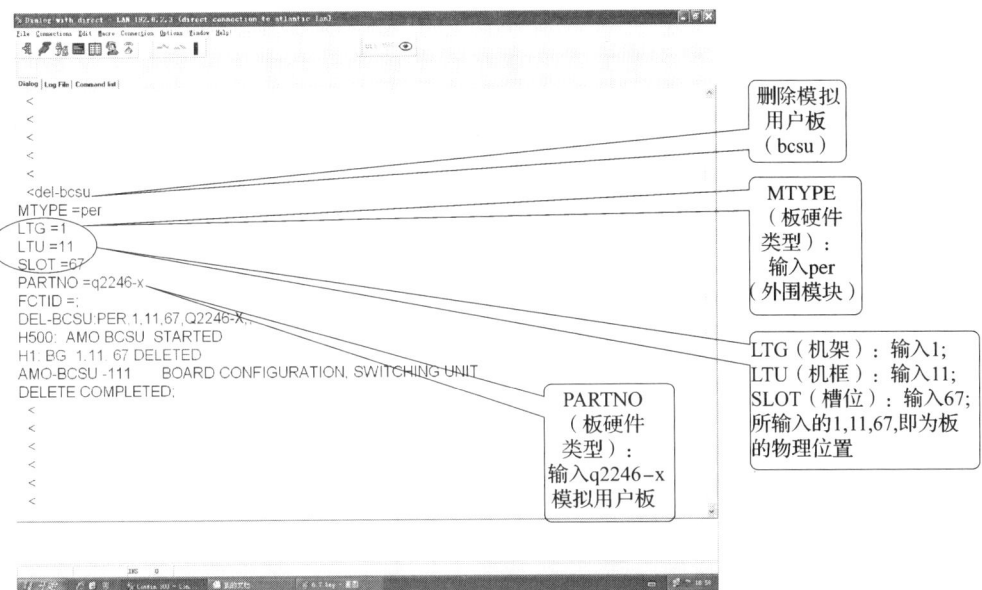

图 2—15 删除模拟用户板

图 2—16 拔出模拟用户板

步骤5：在物理位置1-11-67上增加模拟用户板（SLAM）：可插上模拟用户板。

（1）先插上模拟用户板，如图2—17所示。

图2—17 插上模拟用户板

（2）再增加这块板，如图2—18所示。

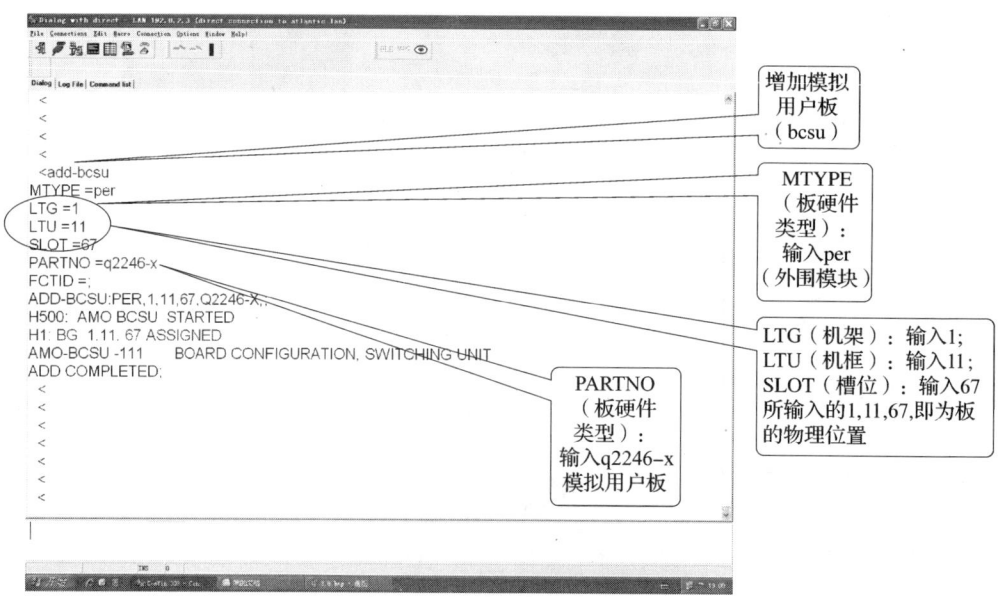

图2—18 增加模拟用户板

步骤6：在这块板上增加分机。在这块板上增加2门电话，也可增加到24门，这里只要2门电话就可使用了，如图2—19所示。

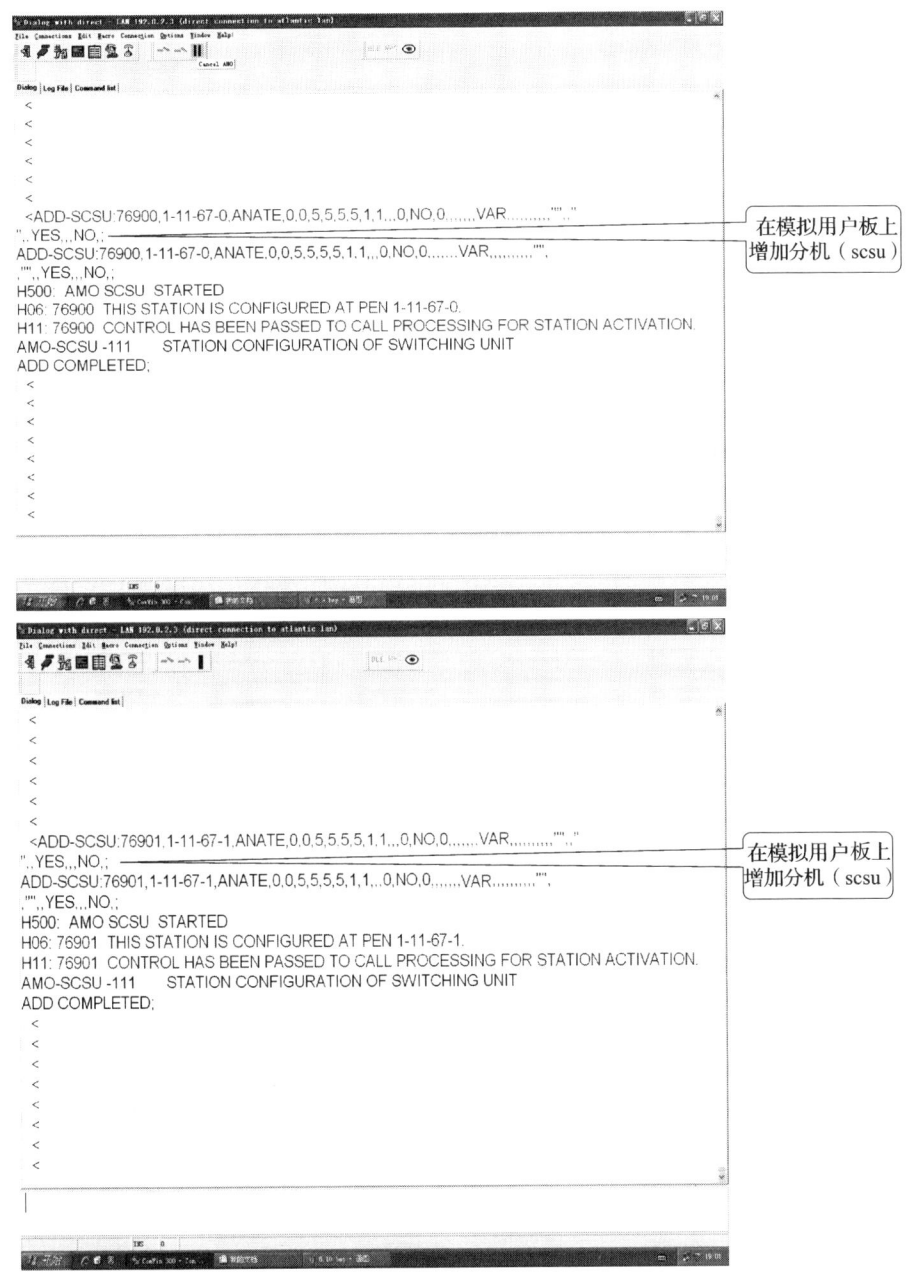

图 2—19　在模拟用户板上增加分机

本章测试题

一、判断题（将判断结果填入括号中。正确的填"√"，错误的填"×"）

1. 交换机接口电路的作用是把来自用户线或中继线的信息转换成交换设备可以处理的数字。（   ）

2. 如果话音存储器的写入信号受控制存储器控制，而读出信号受定时脉冲控制，则称其为输入控制方式。（   ）

3. T、S 接线器的组合形式很多，常采用的为 T-S、S-T、T-S-T 等交换网络。（   ）

4. 交换机的软件部分主要由程序和数据两大部分组成，程序又分为运行程序和支援程序。（   ）

5. 交换机的软件语言包括高级语言和汇编语言。CCITT 建议 SDL 语言、CHILL 语言和 MML 语言作为程控数字交换机的专用语言。（   ）

6. 模拟用户接口又称 Z 接口，与模拟用户线相连，包括了 Z1，Z2，Z3 接口。（   ）

7. 数字用户接口是模拟用户终端与交换网络之间的接口，包括数字电话接口、话音与数据传输的 2B+D 接口等。（   ）

8. 我国的电信网目前采用的是等级制树形网络。（   ）

9. 中国 1 号信令是一种随路信令，随路信令是指控制信令与话音信令共用一个中继电路或者信道进行传送。（   ）

10. GPS 接收终端可以根据接收到的多颗卫星的导航信息，计算自己的二维位置、运动速度与方向及精确的时间信息。（   ）

二、单项选择题（选择一个正确的答案，将相应的字母填入题内的括号中）

1. 任一条入线可以到达任一条出线的情况称为（   ）。

   A. 全利用度线束　　　　　　　　B. 半利用度线束

   C. 局部利用度线束　　　　　　　D. 5% 利用度线束

2. 时钟系统中，作为时间显示单元的设备一般称为（   ）。

   A. 一级母钟　　B. 二级母钟　　C. GPS　　D. 子钟

3. 我国电信网的同步方式采用分级的主从同步和相互同步并存的方式，共分成四个等级，不同等级之间采用（   ）同步方式，同一等级之间采用相互同步方式。

A. 主从　　　　B. 相互　　　　C. 帧　　　　D. 时钟

4. 数字信号的同步关键是时钟信号的同步，只有接收、发送两端的设备的时钟工作在一个频率和（　　），才能保证数字信号传送和交换的准确性。

A. 波长　　　　B. 相位　　　　C. 振幅　　　　D. 时钟

5. 按照作用的区域分，信令可以分为（　　）线信令和局间信令。

A. 用户　　　　B. 中继　　　　C. 控制　　　　D. 前向

6. 运行程序也称（　　）程序，是交换机正常运作所必需的程序，主要由系统软件和应用软件组成。

A. 系统　　　　B. 联机　　　　C. 应用　　　　D. 辅助

本章测试题答案

一、判断题

1. ×　2. ×　3. ×　4. √　5. √　6. √　7. ×　8. √
9. √　10. ×

二、单项选择题

1. A　2. D　3. A　4. B　5. A　6. B

技能操作复习题

一、生成呼叫转移的操作

试题单

（1）操作条件

1）HiPath 和 Hicom350E 程控交换机。

2）程控交换机维护终端。

3）MDF 配线表。

（2）操作内容

1）查看系统中的呼叫转移功能代码（模拟分机用）。

2）如果没有，在系统中定义呼叫转移的功能代码。

3）系统开放此功能。

（3）操作要求

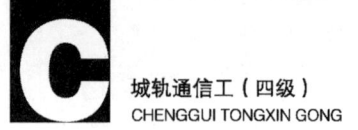

命令及参数设置要正确。

二、代答组的增加和删除

试题单

（1）操作条件

1）HiPath 和 Hicom350E 程控交换机。

2）程控交换机维护终端。

3）MDF 配线表。

（2）操作内容

1）设置新代答组。

2）修改代答组。

3）在现有代答组中删除一个分机。

（3）操作要求

命令及参数设置要正确。

三、生成服务等级操作

试题单

（1）操作条件

1）HiPath 和 Hicom350E 程控交换机。

2）程控交换机维护终端。

3）MDF 配线表。

（2）操作内容

1）使用与现有分机相同的服务等级 A。

2）使用与现有分机相同的服务等级 B。

3）使用与现有分机相同的服务等级 C。

4）为分机建立新的服务等级 A。

5）为分机建立新的服务等级 B。

（3）操作要求

命令及参数设置要正确。

第 3 章

车站广播设备

学习目标

- ☑ 了解广播测量的基本概念
- ☑ 掌握广播语音编辑的方法
- ☑ 了解车站广播设备的功能
- ☑ 掌握车站广播设备的性能及操作方法
- ☑ 了解车站广播系统的主要技术指标及定义
- ☑ 掌握车站广播系统的测试方法

3.1 广播基础知识

知识要求

3.1.1 广播系统的基本知识

1. 测量误差的基本概念

测量误差是指测量后的结果与产品设计值相比产生的差值。系统误差可由严格标准的操作来控制。

测量是为确定被测对象的量值而进行的实践操作过程,在测量过程中,总是存在着一定的误差。在测量过程中产生的各种误差,粗大误差可以剔除不计。

2. 测量误差的分类

误差分为相对误差和绝对误差。绝对误差是指测得的数据和标准值之间的差值。相对误差指的是测量所造成的绝对误差与被测量(约定)真值之比。相对误差比绝对误差更能说明测量的准确程度,当绝对误差值一定时,真值越大,相对误差值越小,测量精度越高。

3. 时域测量方法

时域测量是指测量被测信号时间与幅度之间的关系,横轴代表信号时间,纵轴代表信号幅度,对单一正弦波信号,使用示波器测量比较直观,输出电平的中频段 1 kHz 正弦信号,通常被认为是设备的最大标称或标准的工作电平。

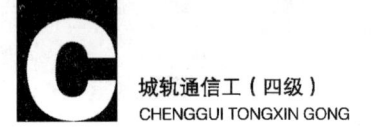

4. 测量条件和测量后数据处理

为了保证正确的测量结果，在测量过程中必须有必要的测量条件。测量条件包含必要的测量环境和测量资料。测量环境包括温度、湿度和气压，测量资料包括测量仪器、测量标准、参考物质、辅助设备及进行测量所必需的资料。

对测量后的数据处理，可以采用数字列表、图表、曲线等方式表述，对于测量结果，通常取测量结果的平均值。

为了使测量结果具有信服力，在具有多个标准条件下必须依据国家标准执行测量，中国国家标准的代码是以 GB 开头的，设备技术参数要求是指设备设计时必须达到的指标值，同一类型设备适合同一技术标准。

3.1.2 车站广播设备的安装与调试

1. 车站广播设备的布线

车站广播设备的布线，不仅影响设备的美观，而且由于可能出现的一些干扰，严重的会直接影响到广播设备的使用。

广播设备布线时应该放、绑、扎整齐美观，配线成端预留合理、统一，布线必须从机架下方引入，信号线和电源线必须分开布放。当广播设备电源线与信号线相交时，应遵循交叉敷设成直角；当平行敷设时，相互间的距离应符合设计要求的原则。

通信缆线采用屏蔽电缆或穿金属保护管以及在线槽内敷设时，与具有强磁场和强电场的电气设备之间的净距离应大于 0.8 m。正确进行线槽敷设电缆的要求是：根据线槽内辐射截面积利用率规定，屏蔽线应单端接地；通信电缆在敷设时可以有接头，但必须在接线盒内焊接或用端子连接。

2. 车站广播设备模块安装

广播机架内的模块，必须按标准单元设计，设备到达现场时应先检验是否符合要求，模块安装前必须先核对模块型号，型号规格必须同设计文件一致。广播设备安装的流程为：模块安装、内部导线连接、系统设备安装、外部导线连接。在安装过程中需注意：设备必须有良好的接地，安装扬声器严禁超出设备界限，不得影响与行车有关信号和标志。设备安装的质量与施工人员的素质，施工单位的硬件条件和施工场地条件等有密切的关系。

3. 车站广播设备模块调试

车站广播设备模块调试的最终目的是将调试完毕的模块指标进行联动，使设备性能符合设计要求和各项技术指标。车站自动广播输出音量太大时,可调整低音控制器,广播设备系统调试语音信号处理器时,要求语音信号恒定输出。车站现场声压调试时,现场的扬声器输出声压级比环境噪声声压级大 10 dB,声压检查是通过声压计测量现场的喇叭响度完成的,喇叭声压检查有相位故障指示,表明有喇叭相位接反。

4. 广播系统网络调试

在广播系统网络调试过程中,必须按照先将全线连接成网,将本车站调试传输接口调试好,然后逐步添加车站连接数量,连接调试相邻车站的步骤进行,通过 VLAN 技术可将网络划分为多个广播域,从而能有效地控制广播风暴的发生。

3.1.3 广播语音编辑的基本知识

1. 广播语音编辑的作用

广播语音编辑可以提高广播播音的质量,将不同语音的内容整合在一起。广播语音编辑的程序,一般采用专用的语音编辑程序。

2. 广播语音编辑的方法

广播语音编辑的方法:需选择采样频率,在给定的需要编辑的语音文件中,通过"复制""粘贴"命令进行编辑,并根据要求,对语音波形进行音量调节,使之符合要求。

技能要求

广播语音编辑的操作

广播语音编辑利用笔记本电脑中安装的专用语音编辑软件对给定的语音文件进行编辑,并调整输出音量,让学员熟练掌握广播语音编辑功能,制作语音合成器中专用的语音文件。

操作准备

操作设备及工具的准备见表 3—1。

表 3—1　　　　　　　　　实训所需的设备及工具

序号	名称	品牌	规格型号	单位	数量
1	笔记本电脑			台	1
2	专用语音编辑软件			套	1
3	有源音箱			台	1

操作要求

1. 熟练操作语音编辑软件。
2. 熟悉语音文件的基本要求。
3. 掌握专用语音合成器所用的音频格式。
4. 编辑完成后，需进行音量调试、监听。
5. 实训人员须按规定着装，遵守作业安全规程，文明操作，不造成人身伤害。

操作步骤

步骤1：双击打开语音编辑软件。

步骤2：在菜单栏中选择"文件"→"新建"命令，生成一个新的语音文件，如图3—1、图3—2所示。

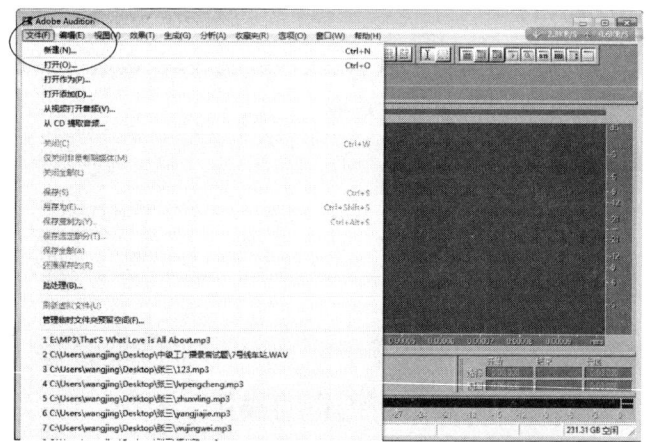

图3—1 生成一个新的语音文件（一）

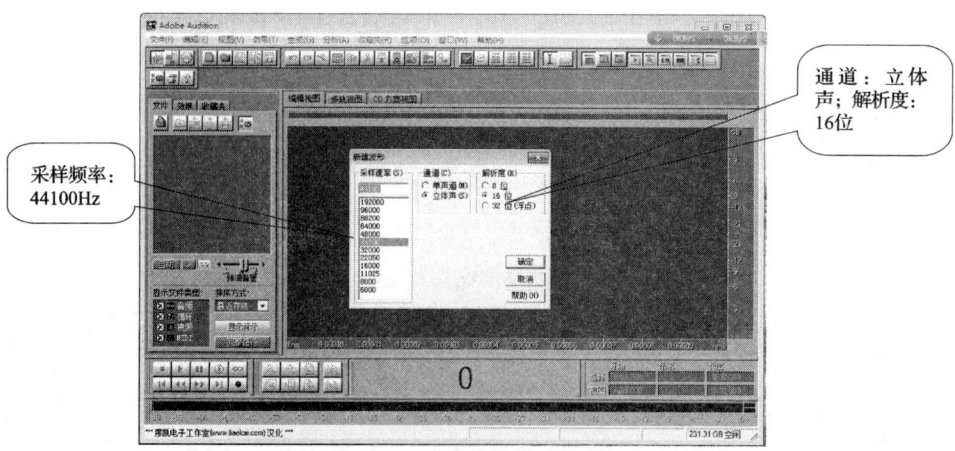

图3—2 生成一个新的语音文件（二）

步骤3：从给定的文件夹中打开需要编辑的语音文件，如图3—3所示。

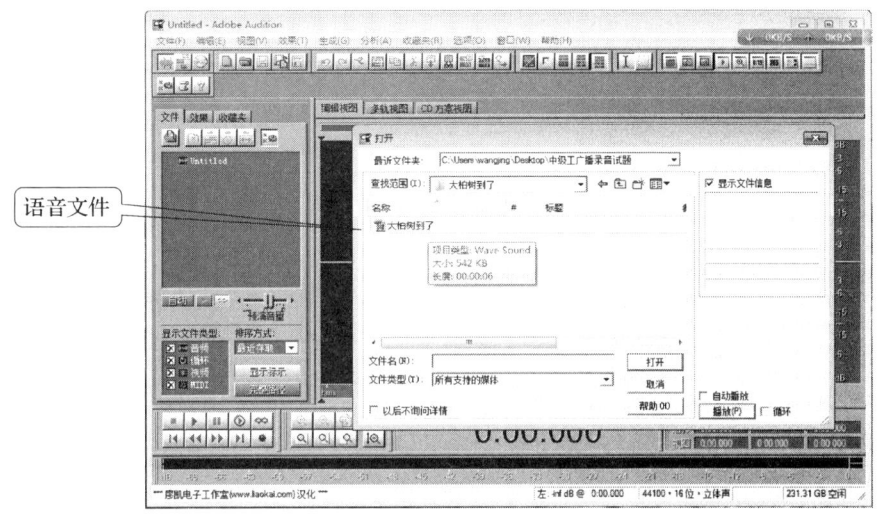

图3—3　打开需要编辑的语音文件

步骤4：对打开的语音文件进行编辑，选中高亮的语音波形，单击右键，从弹出的快捷菜单中选择"复制""粘贴"命令进行编辑，如图3—4所示。

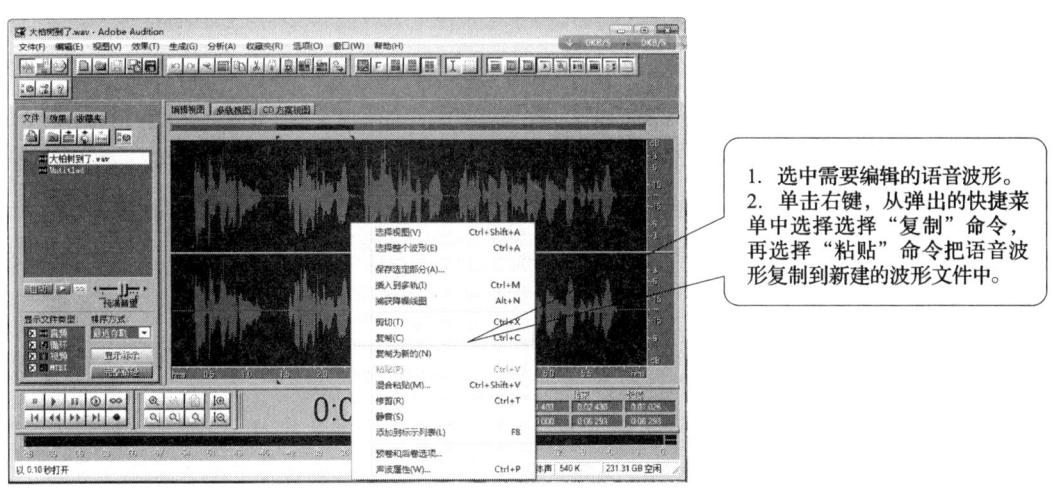

图3—4　对打开的语音文件进行编辑

步骤5：单击菜单栏的"效果"命令，再选择"振幅"→"扩大/渐变"命令对语音波形进行音量调节，如图3—5所示。

图 3—5　对语音波形进行音量调节

步骤6：根据要求对原始波形大小进行调整，并试验声音是否符合要求，如图3—6所示。

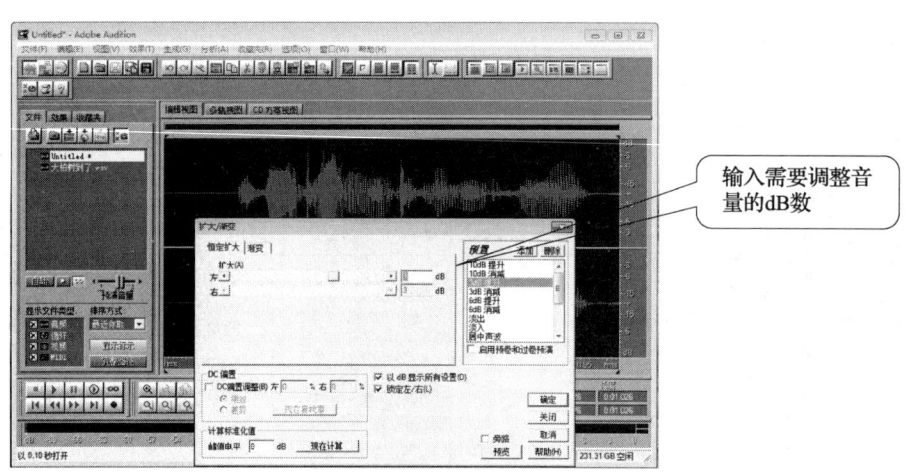

图 3—6　对原始波形大小进行调整

步骤7：选择菜单栏的"文件"→"另存为"命令，使用语音合成器能识别的音频文件格式，并输入文件名进行保存，如图3—7所示。

步骤8：整理工具清理场地，操作完成。

第 3 章
车站广播设备

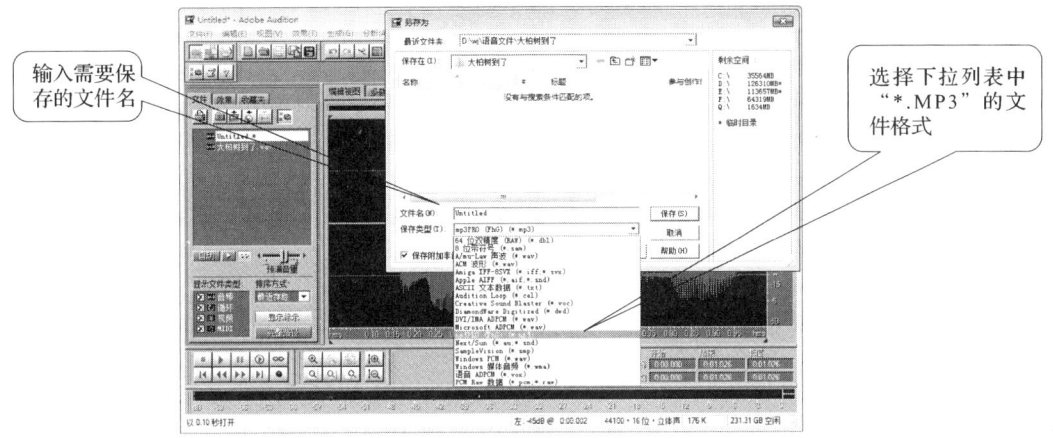

图 3—7 修改格式并保存

3.2 车站广播设备知识

知识要求

3.2.1 车站广播控制盒

车站广播控制盒按安装位置分类，主要可分为车控室广播控制盒和客服中心广播控制盒，如图 3—8 所示。

1．组成

广播控制盒的组成包括：1 个机上话筒、1 个监听扬声器、1 个控制键盘、快捷键及相应的指示灯、1 个液晶显示器（LCD）、动态音量条等。

2．功能

利用车站广播控制盒，车站值班员或客服中心工作人员可以进行手动播放广播文件或进行人工语音广播。广播控制盒上还能定义相关按键来选择所需广播的各个

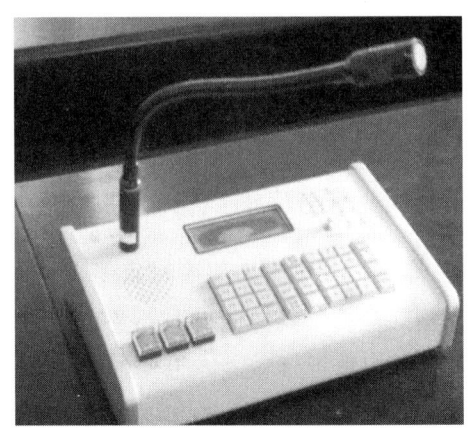

图 3—8 广播控制盒

区域。同时,广播控制盒上的相应指示灯能显示当前设备运行状况是否正常。

3. 工作流程

广播控制盒必须接入电源,以便设备正常工作,在广播控制盒上需要加入直流电压的目的是给控制盒加电。广播控制盒接收具体操作命令,包括播放区域、调用播放的语音文件等,以控制信号的形式发送至车站广播控制器。广播控制盒输出的信号有音频信号和控制信号。

3.2.2 车站功率放大器

1. 车站功率放大器

车站功率放大器是在城市轨道交通广播系统中使用频率最高的一个广播系统部件,主要用于将前置放大后的信号进行功率放大,其输出推动扬声器工作。功率放大器在使用过程中需要有稳定的工作状态,适应各种工作环境。功率放大器具有测试和监听功能。

2. 车站功率放大器输出形式

通常车站功率放大器有多组输出形式,是为了满足广播区域喇叭数量配置而可以选择不同的电压输出。车站广播设备的数字信号与传输设备是通过接口模块与输出设备进行连接。

功率放大器主要由三级放大组成:前置放大、驱动放大、末级放大。前置放大用于与前面来的信号进行匹配,驱动放大的作用是将前级输出信号进行电流放大使其成为中等功率的功率信号,末级放大的作用是将中级信号进行电压放大。

为了满足功率放大器在车站范围内使用,必须在功率放大电路后接入变压器,对信号进行升压。功率放大器的功放集成模块内部两路放大必须配对,功放集成模块必须紧贴散热片,其内部一路放大出现故障则功率放大器不能工作。车站广播设备中音量回授装置根据接收对应区域的噪声电平信息控制功率放大器进行音量控制。

3.2.3 车站广播设备控制系统

1. 车站广播设备内部控制流程

车站广播控制器与控制中心及车站各设备之间都有链路通信,数字音频处理器不仅能接收而且能处理噪声传感器的相关数据信号,车站广播机架接收到控制指令后会进行分析,并对负载输出控制器模块进行控制,功放控制器能实现功率放大器主备切换功能。车站广播设备检查时,除了正常的广播设备功能和技术指标检查外,还要求进行车站接收列车运行信息检查和自动播音功能检查。

控制中心广播系统的整个流程是：广播控制盒控制指令输出，控制中心广播系统控制模块分析，传输设备控制指令传输，车站广播系统控制模块分析。控制中心广播设备检查时，除了正常的广播功能检查测试外，还对与时钟子系统的时间同步功能检查提出要求。

控制中心广播语音信号的输出必须满足传输设备接口要求，控制中心广播语音信号输出到传输设备高保真音频板卡。控制中心对车站广播的控制信号路径是：控制中心输出控制指令→控制中心传输设备接口→传输设备传输→车站传输设备接口→车站接收控制指令。

2．车站广播语音通道流程

广播控制盒输出的语音信号必须与机架内对应的通道相连，车站广播设备各语音信号必须通过音频处理器，在广播系统的声音流程中，音频信号先通过音频处理器、功率放大器、负载输出控制器，最后进入扬声器。

当控制中心对车站广播时，其语音信号同时到达各车站音频处理器的输入端。控制中心总调对某车站广播的声音通道路径是：控制中心总调广播控制盒语音信号输出至控制中心广播系统音频接口装置，控制中心广播系统音频信号输出至传输设备（电缆），音频信号传输至车站广播系统音频处理器输入端，车站广播系统将语音信号经CSU后输出到控制音频处理器和功率放大器。

3.2.4 车站其他设备

车站广播系统作为三大广播子系统中最为重要的一员，其设备组成也最为复杂庞大。车站其他设备包括：广播控制器（CSU）、功放控制器、语音播放器、数字音频处理器、负载输出控制器、噪声传感器、广播系统的网管设备及扬声器等。下面介绍几个主要的车站其他设备。

1．功放控制器

功放控制器集时序电源控制器、功放监听和功率放大器自动监测、主备功放自动切换控制器等多种设备的功能为一体，内置 RS422/485 控制接口，外部智能控制可以对其远程遥控。

2．语音播放器

语音播放器主要用来存储车站公用/专用的预录音广播内容文件（MP3）和语音合

成语音段,并在车站广播控制器的控制下,播放或合成播放指定的内容。

3. 数字音频处理器

数字音频处理器是一台多功能、数字化的音频处理控制设备,可以完成前置信号的放大、信号切换、音量控制和频率均衡等功能,能接受噪声传感器的相关数据,完成自动音量调节功能。车站广播系统中所有播报的语音均由数字音频处理器接收处理后交由功率放大器放大后通过扬声器播放。

4. 负载输出控制器

负载输出控制器可以接入 10 台功率放大器切换至 10 路广播负载区,对不同区域的广播进行划分和选择性播放,具有紧急广播的控制功能。同时,负载输出控制器能对功率放大器的技术指标(如功率、电压、调整率)进行测试。

5. 噪声传感器

噪声传感器用于检测机车和旅客进出站台特定位置的噪声水平。噪声传感器安装于乘客较集中的地方并避开空调等固定的噪声源。其技术指标要求为:环境噪声大于 60 dB 时,扬声器在其播放范围内最远点的播放声压级高于背景噪声 15 dB。

6. 广播系统的网管设备

广播系统的网管设备除了硬件外,还包括管理软件,管理软件有控制中心广播服务管理器、控制中心图形操作界面和控制中心车站参数设置工具软件。广播系统网管设备也可以下载 MP3 文件,网管设备中必须使用独立的服务管理器。

控制中心广播网管设备的功能为:能检测到各车站广播设备状态,对车站广播设备进行远程测试,对所有车站设备信息集中记录和进行远程数据设置。系统管理员可以通过网管设备设置用户权限,新增、删除用户,超级用户可以通过操作控制或改变系统的运行状态,也可以进行系统设置。但网管设备没有对用户的管理权限,用户只能查看广播系统的运行状态,无法对系统进行控制,也无权更改系统设置。网管设备必须满足对全部车站设备状态进行监管。

控制中心网管设备在对自动广播进行管理时,可以对各车站自动广播内容进行集中修改,网管设备在对车站进行远程参数修改后,要求观察到的被修改后的参数应有相应变化。

控制中心网管设备可以对远端设备进行操作,先打开控制中心广播服务管理器主界面,然后登录控制中心广播服务管理器软件主界面,进入远端设备菜单,选择车站,进行远端对车站设备的操作(测试或修改)。完整的设备故障记录信息包括:故障发生时间和地点、故障记录序列号和故障内容。

技能要求

车站广播音频通道检测

利用信号发生器和毫伏表对在线使用的车站广播音频通道进行检测,并根据毫伏表读出的数据判定功放的音频放大功能是否正常,让学员熟练掌握通信广播系统的基本原理和工作状况。

操作准备

操作设备及工具的准备见表3—2。

表3—2　　　　　　　　　　实训所需的设备及工具

序号	名称	品牌	规格型号	单位	数量
1	斜口钳(4.5″)	力易得	E5712	把	1
2	一字旋具(6×100 mm)	力易得	E6213	把	1
3	十字旋具(#2×100 mm)	力易得	E6233	把	1
4	长柄一字旋具(3×150 mm)	力易得	E6203	把	1
5	长柄十字旋具(#0×150 mm)	力易得	E6223	把	1
6	万用表		MF500	个	1
7	低频信号发生器			台	1
8	示波器			台	1
9	毫伏表			台	1

操作要求

1. 根据操作的要求选择正确的仪器仪表。
2. 参照图样的要求对测试的功放设备进行配线。
3. 利用专用的仪器仪表对音频通道进行测试。
4. 操作人机界面对设备的参数进行设置。

操作步骤

步骤1:检查广播设备指标性能。

(1)测试前检查被测设备的状态。

(2)使用人机维护界面登录车站CPU菜单,检查模块的状态,如图3—9所示。

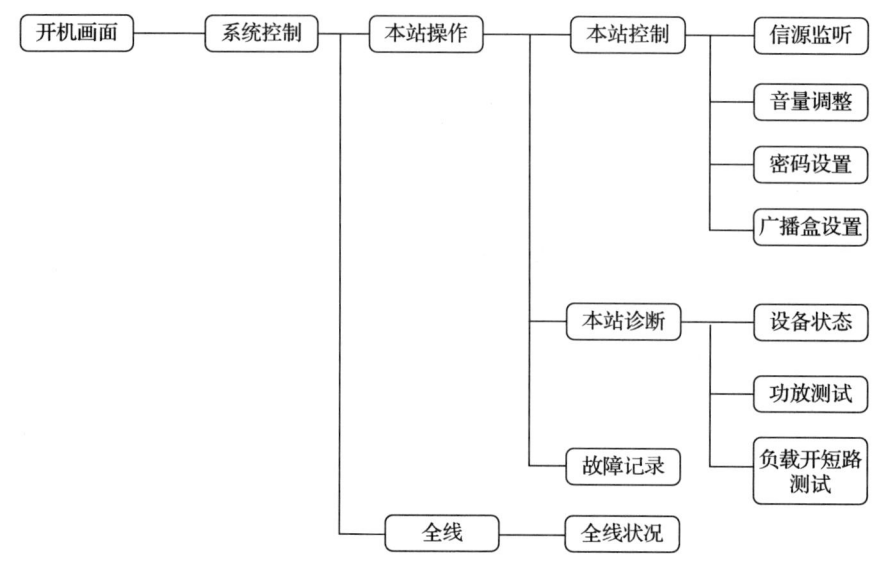

图 3—9 车站 CPU 菜单

（3）通过人机界面进入调整音量界面，调整音频模块输出，如图 3—10 所示。

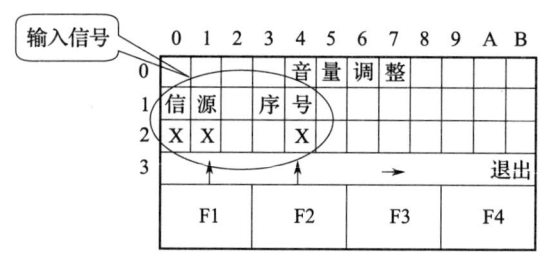 

a）前半部分界面　　　　　　　　　b）后半部分界面

图 3—10 调整音量界面

1) DSP 内部已设置了 0~9 共 10 种音量模式，可以在此界面中设置。

2) F1（见图 3—10a）：选择信源类型，DSP 输入 1~5，DSP 输出 1~8。

3) F2（见图 3—10a）：选择信源序号。

4) F3（见图 3—10a）：进入后半部分界面。

5) F1（见图 3—10b）：改变音量大小，范围为 0~9，0 表示静音。

6) F2（见图 3—10b）：回到前半部分界面。

7) F3（见图 3—10b）：确定当前设置有效，按下后会有蜂鸣提示。

8) F4（见图 3—10b）：退出音量调整界面，回到本站操作界面。

步骤2：检查音频通道。

（1）检查信号发生器的精度，对示波器进行自测，调整输出方波。

（2）逐一使用测试线进行方波的检测，确认无线缆故障。

（3）调整信号发生器输出为 0 dB、1 kHz，如图 3—11 所示。

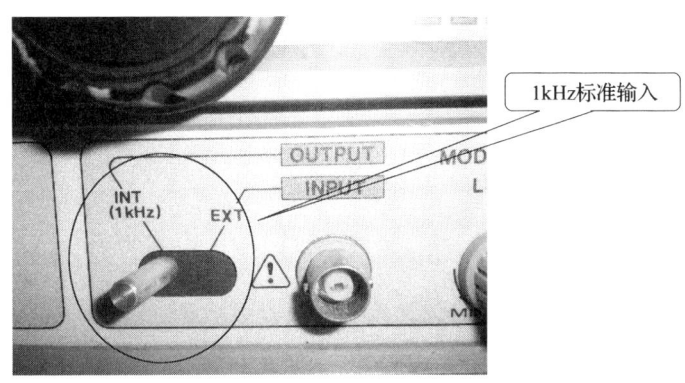

图 3—11　信号发生器的输出

（4）用测试线将信号发生器的输出端与前置放大器不同的语音通道分别进行连接，如图 3—12 所示。

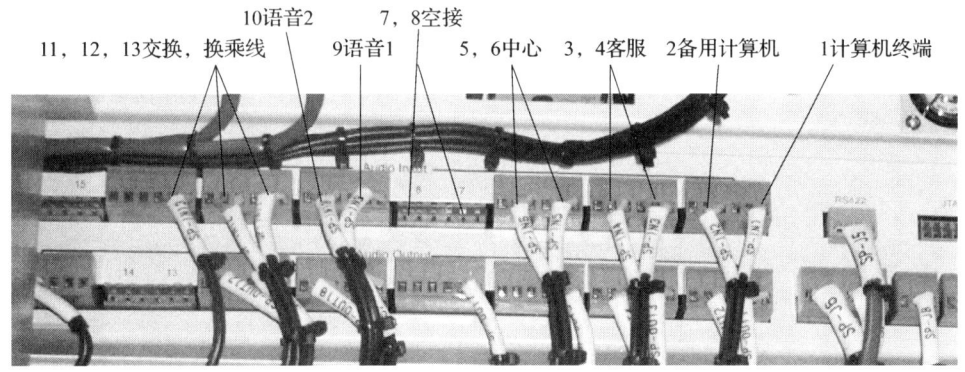

图 3—12　连接设备

（5）在机柜的输出端并联电平表，测试音频通道的指标参数。

（6）整理工具、清理场地，操作完成。

控制中心网管系统语音文件下发的操作

将给定的语音文件通过控制中心网管系统中安装的专用网管软件，下发到指定的车站，并验证语音文件的正确性，让学员熟练掌握通信广播系统的基本构造和文件的下发。

操作准备

操作设备及工具的准备见表3—3。

表3—3　　　　　　　　　　实训所需的设备及工具

序号	名称	规格	单位	数量	备注
1	安装有网管软件的计算机		套	1	

操作要求

1. 会检查控制中心网管系统的连接状态。
2. 通过观察明确需要下发的车站处于受控状态。
3. 根据要求熟练掌握车站快捷键和组合键的文件代码。
4. 熟练操作网管软件，将所需语音文件下发到对应的车站。

操作步骤

步骤1：检查网管设备，如图3—13所示。

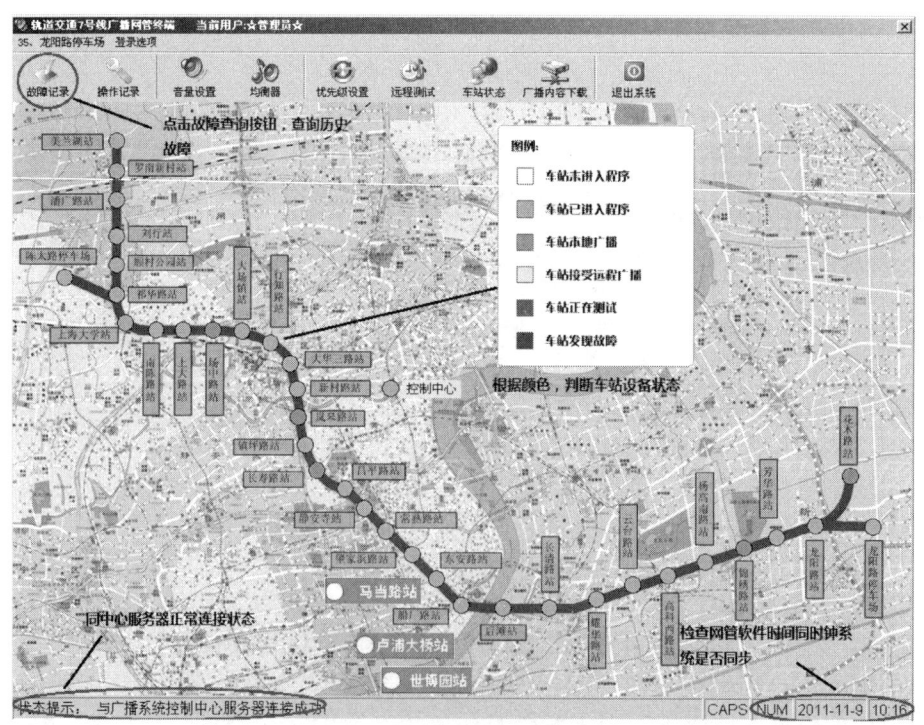

图3—13　网管软件界面

(1) 检查网管软件是否正常运行。

(2) 检查与中心服务器连接是否正常。

步骤2：修改语音文件。

(1) 修改已知语音文件的文件名和 1～10 的快捷键对应的内容，文件的编号为 17. mp3 ～26. mp3。

(2) 修改组合键内容，文件的编号为 27. mp3 ～99. mp3。

(3) 下发语音文件前，必须重新验证一遍语音文件的内容。

步骤3：下发文件及验证。

(1) 单击网管软件状态栏上的"广播内容下载"按钮，如图 3—14 所示。

图 3—14　"广播内容下载"按钮

(2) 按要求选择需要下发的车站名，如图 3—15 所示。

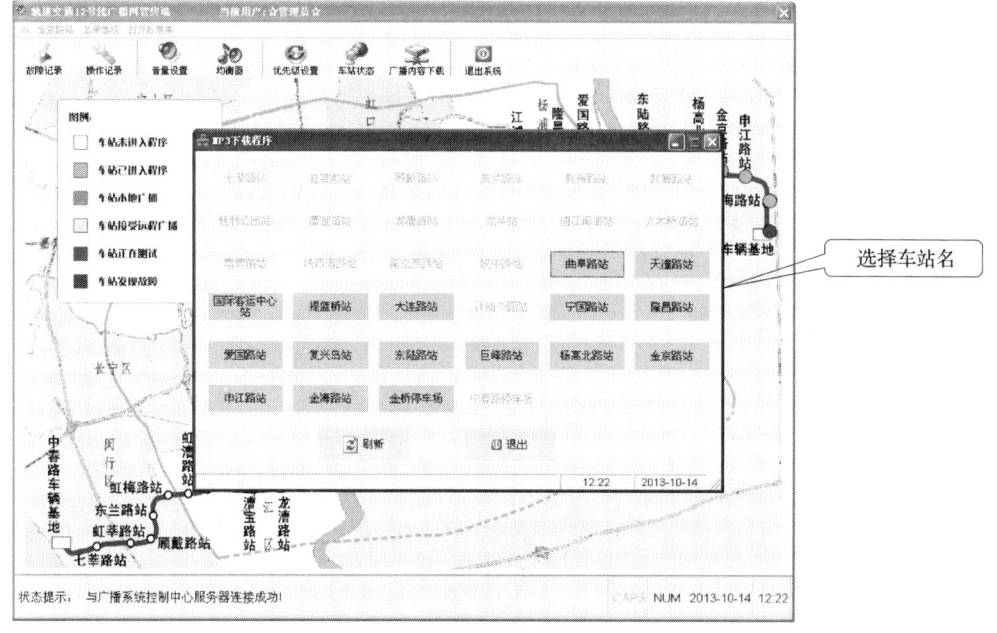

图 3—15　选择下发车站名界面

（3）在添加文件界面查找文件并添加，如图3—16所示。

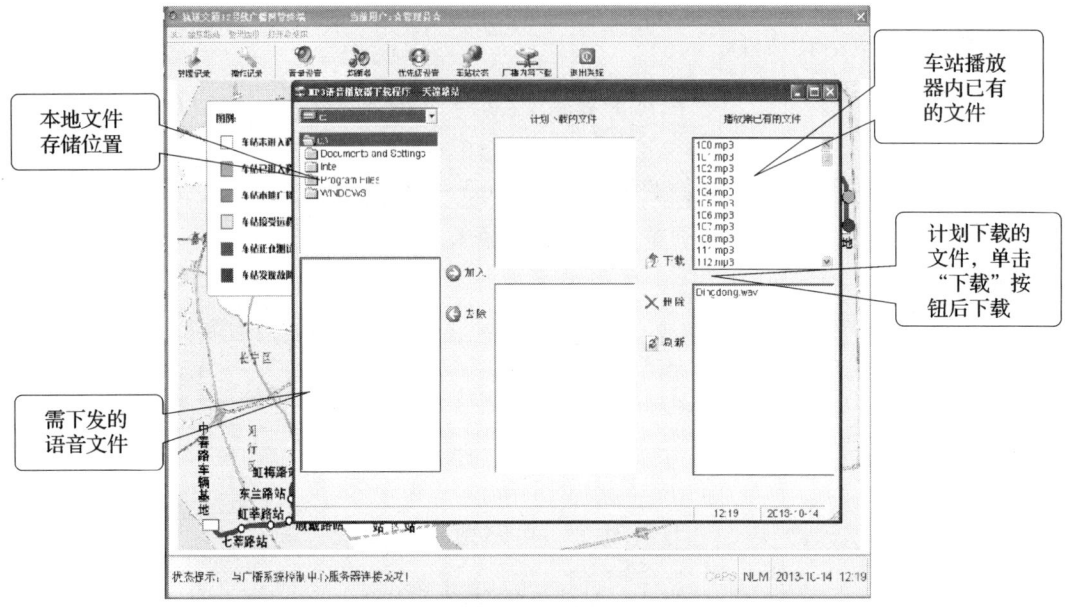

图3—16 添加文件界面

（4）在"需下发的语音文件"列表框中显示需要下发的文件。

（5）单击界面上的"下载"按钮，观察文件的正常下发。

（6）远程登录到文件下发的车站，从MP3文件夹中查找刚下发的文件是否存在。

3.3 车站广播系统的测试

知识要求

3.3.1 广播设备的主要技术指标及安全测试

1. 广播设备主要技术指标的定义

（1）频率响应。频率响应是指放大器输出响应幅度随频率的变化而变化。当广播设备的频率响应范围为 $F1 \sim F2$，喇叭的频率响应范围为 $F3 \sim F4$，其中 $F3 > F1$，$F2 > F4$，则系统的综合频率响应范围为 $F3 \sim F4$。

（2）失真度。失真度是指测量被测设备后所得到的数值与标准信号值相比后的数值，用%表示。当输入信号过大时，产生失真的类型是饱和失真。

（3）信噪比。信噪比是指设备输出端信号与输出端噪声之比。噪声信号来自外加的标准测试信号中、系统噪声信号和测试过程中产生的噪声。

（4）额定输出功率。额定输出功率是指在规定的总谐波失真条件下功率放大器在额定负载阻抗上的输出功率。测试功率放大器输出，是将标准信号输入，在输出时在规定失真值时测得的值进行计算。

2．广播设备安全测试

广播设备安全测试包括：设备的绝缘测试、设备的耐高压测试和设备的接地测试。设备的耐高压测试就是将设备连续接入高于所需电源15%的过程，凡使用超过安全规定电压的设备都应该进行安全测试，一般安全测试仪都能输出50 Hz和60 Hz信号。

3.3.2 广播系统的测试

1．频率响应测试

频率响应测试是指在标准状态条件下测试加入各频率点的被测设备的输出幅度，通常一般放大器输出功率越大，其频率响应指标就越差。

频率响应测试，给测试设备加入不同频率点的标准测试信号，记录放大器输出电平，将记录的不同频率点的输出电平信号幅度连成曲线。在频率响应测试时，至少加两个频率点信号，加的频率点信号越多，曲线越正确，测试结果越平坦，宽度越大，表明性能越好。

2．失真度测试

失真度测试时直接将失真度仪接入被测设备的输出端。失真度测试的步骤是：在输入端加入1 000 Hz/0 dBm，输出端直接接失真度仪并读出其数值。0 dBm等于0.775 V。

3．输出功率测试

功放机信号的输入采用1 kHz的正弦波，在输出端接上假负载电阻（8 Ω），在不失真达到最大值时，用毫伏表测量电阻两端的电压值，然后按$U^2/R = P$来计算就可以知道最大功率。

额定输出功率的测试步骤是：先按测试要求连接仪表，输入端接入标准测试信号1 000 Hz/0 dBm，调节音量电位器使输出失真达到规定值，读出此规定失真度条件下的负载电压，最后计算此时功率。测试额定输出功率时，还可以用功率计直接读出额定输出功率。读数条件是：在输入端加入标准信号后，调节音量电位器使输出失真至规定值的位置状态，此时在功率计上的读数即为额定输出功率。

4. 信噪比测试

信噪比的测试步骤是：给测试设备加入标准测试信号，调整音量电位器使输出至规定失真度，记录放大器输出电平，断开信号输入，读出放大器输出电平，计算给测试设备加入标准测试信号时放大器的输出电平和断开信号输入时放大器输出电平的比值，此计算值即为信噪比。

3.3.3 广播测试仪表的介绍

1. 电子频率计数器

示波器在进行频率测量时测量精度较低，误差较大，电子频率计数器能够快速准确地捕捉到被测信号频率的变化。正确使用电子频率计数器的要求是：被测信号幅度必须大于测试电子频率计数器的接收灵敏度，电子频率计数器只计数超过门限电平的变化波形。

电子频率计数器上的读数是被测信号波形的频率，使用电子频率计数器不正确的频段时，电子频率计数器显示为零，被测信号在特定时间段 T 内的周期个数为 N 时，则被测信号的频率为 $f = N/T$。

使用电子频率计数器时，必须根据使用频段选择相应的电子频率计数器，电子频率计数器上使用小数点越多，读数精度越高，被测设备输入端口和输出端口测得的频率读数是一致的。

2. LRC 阻抗表

LRC 阻抗表可在若干频率点测量感抗、容抗和电阻，可以测 LRC 回路阻抗。一个 LRC 回路，用 LRC 阻抗表在电感两端测量时，测得的数据表示电感的感抗。

线路阻抗测量过程中，严禁给线路加上电压。

3. 信号发生器

信号发生器给被测电路提供所需要的信号，然后用其他仪表测量感兴趣的参数。音频信号发生器有高频、低频之分，不能通用。信号发生器可以产生多种波形，在广播设备测量中应选择产生正弦波波形的信号发生器，要使信号发生器输出 1.5 kHz 的信号，波段开关应选择 200~2 000 Hz 位置。

4. 失真度仪

失真度仪应接在被测设备的输出端，操作失真度仪时，为了精确读出读数，应从大到小调整指针式量程，对于数码显示的失真度仪，为了精确读出读数，应逐步左移浮点数。

5. 示波器

示波器横向指示表示波形周期，纵向指示表示波形幅度，示波器可以显示波形幅度，宽度不够时，可以调节 t/div 旋钮，示波器输入信号较小，可以调节 V/div 旋钮。

6. 电平表

电平表可以测量各种频率的电平，低频电平表只能测量低频电平，当电平表上的旋钮顺时针旋转一挡，此时表指针向左偏，读数值不变。

技能要求

功率放大器指标测试

可以让学员根据掌握的广播系统方面的基本知识，对广播的功率放大器进行指标测试，从而检查广播功率放大器的指标参数，并熟练读取仪器仪表所显示的各类参数。

操作准备

操作设备及工具的准备见表3—4。

表3—4　　　　　　　　实训所需的设备及工具

序号	名称	品牌	规格型号	单位	数量	备注
1	斜口钳（4.5″）	力易得	E5712	把	1	
2	一字旋具（6×100 mm）	力易得	E6213	把	1	
3	十字旋具（#2×100 mm）	力易得	E6233	把	1	
4	长柄一字旋具（3×150 mm）	力易得	E6203	把	1	
5	长柄十字旋具（#0×150 mm）	力易得	E6223	把	1	
6	万用表		MF500	个	1	
7	低频信号发生器			台	1	
8	示波器			台	1	
9	毫伏表			台	1	

操作要求

1. 按要求熟悉掌握功率放大器背面的配线连接图。
2. 熟练使用专用的测试仪器。
3. 利用仪器仪表连接功率放大器进行测试。

4. 正常读取测试的数据参数。

5. 实训人员须按规定着装，遵守作业安全规程，文明操作，不造成人身伤害。

操作步骤

步骤1：检查示波器的性能。

将表棒的一头连接示波器，探极钩住示波器自带的标准信号测试端，如图3—17所示。

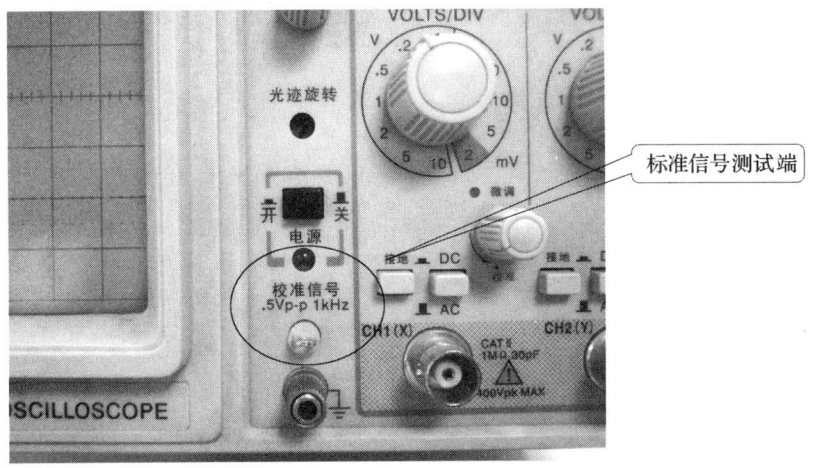

图3—17　示波器标准信号端

调节示波器的幅度和频率的旋钮，在示波器上显示标准的矩形波形，如图3—18所示。

图3—18　调节旋钮

步骤 2：将信号发生器接入功率放大器的输入端，输出端接喇叭，如图 3—19 所示。

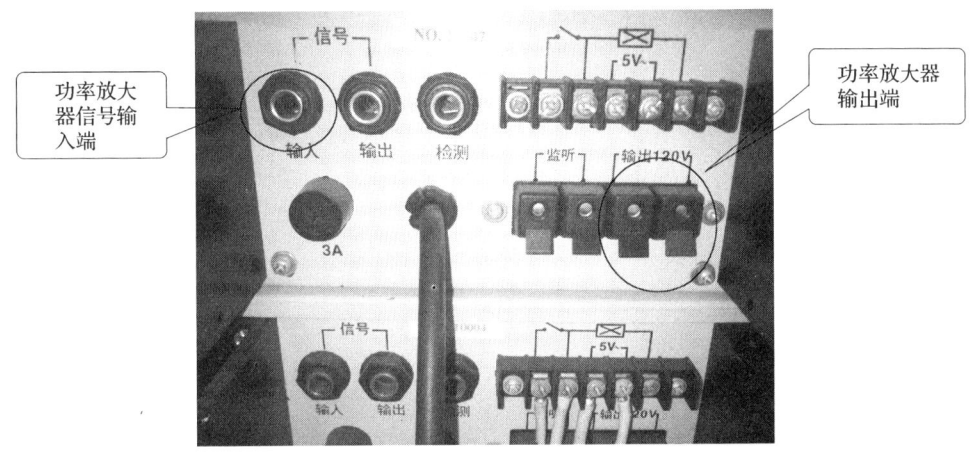

图 3—19　功率放大器接线端

步骤 3：喇叭需选用带变压器的定压式喇叭，耐压为 120 V，如图 3—20 所示。

图 3—20　定压式喇叭

步骤 4：将信号发生器输出端、示波器的输入端接入功率放大器的输入端，功率放大器的输出端接喇叭、信号发生器、电平表。

步骤 5：在信号发生器上调节输出为 0 dB，1 kHz 的标准信号，如图 3—21 所示。

步骤 6：短接功率放大器的控制端，使功率放大器有功率放大的输出，如图 3—22 所示。

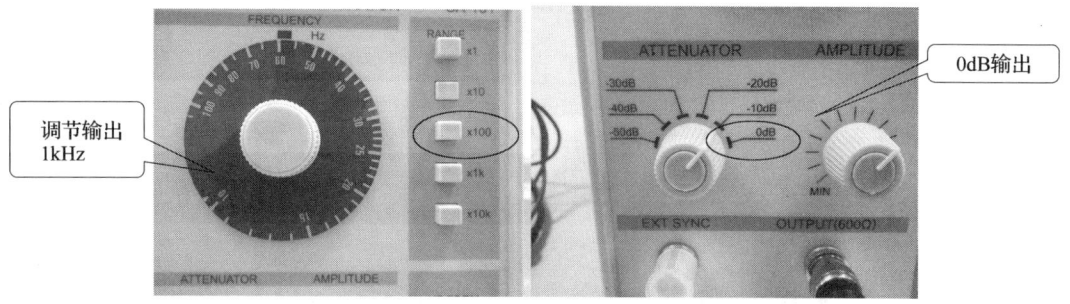

图3—21 信号发生器调节按钮

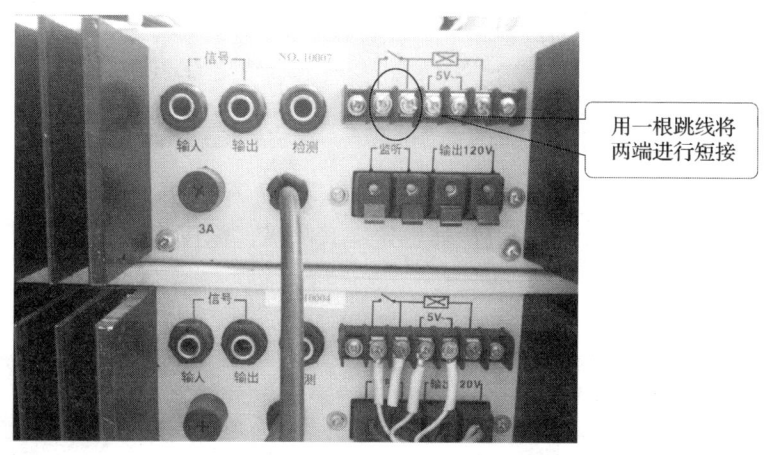

图3—22 短接功率放大器的控制端

步骤7：调节功率放大器的音量开关，使喇叭有标准的音频声音发出。

步骤8：调整示波器的幅度和频率，使波形正常显示。

步骤9：调节电平表，当有声音及波形时，读出正确的参数。

步骤10：整理设备，关闭电源，将音量关到最小，关闭所有仪器仪表的电源，最后关闭功率放大器电源。

本章测试题

一、判断题（将判断结果填入括号中。正确的填"√"，错误的填"×"）

1. 广播控制盒必须接入电源，以便设备正常工作。　　　　　　　　　　（　　）
2. 广播控制盒发出的控制指令直接传给功放控制器。　　　　　　　　　（　　）

3. 功放控制器能对功率放大器技术指标进行测试。（   ）

4. 通常车站功率放大器有多组输出形式，为了满足广播区域喇叭数量配置则可以选择不同的电压输出。（   ）

5. 广播控制盒输出的语音信号必须与机架内对应的通道相连。（   ）

6. 语音播放器是在音频处理器控制下播放指定语音文件内容的。（   ）

7. 控制中心广播网管设备也可以下载 MP3 文件。（   ）

8. 控制中心广播控制信号不能由电缆传到车站。（   ）

9. 控制中心广播语音信号输出必须满足传输设备接口要求。（   ）

10. 控制中心广播网管设备仅能查看全线广播设备运行状态。（   ）

二、单项选择题（选择一个正确的答案，将相应的字母填入题内的括号中）

1. 广播控制盒输出的有（   ）。
   A. 音频信号   B. 控制信号
   C. ATS 信号   D. 音频和控制信号

2. 车站广播设备的数字信号与传输设备连接时，是通过（   ）与输出设备连接。
   A. 接口模块   B. 电源模块
   C. 功率放大器输出   D. 前置放大器

3. 车站广播设备各语音信号必须通过（   ）。
   A. 音频处理器   B. 光缆
   C. 广播控制盒   D. 语音合成器

4. 控制中心的网管设备，除了硬件外，还包括管理软件。（   ）不属于网管应用范围。
   A. 控制中心广播服务管理器   B. 控制中心图形操作界面
   C. 控制中心车站参数设置工具   D. 声音文件编辑软件

5. （   ）不是控制中心广播网管设备的功能。
   A. 对车站广播设备进行远程测试   B. 对所有车站设备信息集中记录
   C. 对车站进行广播   D. 进行远程数据设置

6. 车站声压检查是（   ）。
   A. 通过电平表测量喇叭上的电压   B. 通过耳朵听喇叭的响度
   C. 通过声压计测量现场的喇叭响度 D. 通过示波器观察喇叭上的波形

本章测试题答案

一、判断题

1. √　　2. ×　　3. ×　　4. √　　5. √　　6. ×　　7. √　　8. √
9. √　　10. ×

二、单项选择题

1. D　　2. A　　3. A　　4. D　　5. C　　6. C

技能操作复习题

一、广播话筒的故障处理

试题单

（1）操作条件

1）车站通信机房。

2）大信号控制机柜、小信号机柜、负载控制机柜。

3）故障点设置完毕。

4）话筒鹅颈管、万用表、广播控制盒、其他常用工具。

（2）操作内容

1）用给定的广播设备进行通话，确定故障点。

2）对故障点进行处理。

3）用修理完毕的设备再次进行通话，看通话是否正常。

（3）操作要求

1）准备工作完善、正确、无遗漏。

2）故障点判断准确。

3）故障处理过程流畅。

4）设备恢复正常。

5）作业安全规范，无违规、违章操作。

二、车站广播音频通道检测

试题单

（1）操作条件

1）车站通信机房广播机柜。

2）语音合成器、SP312 前置放大器、信号发生器、示波器、电平表、毫伏表。

（2）操作内容

1）用车站广播设备上的菜单进行设备参数检查和修改。

2）用计算机命令对车站广播设备参数进行检查和修改。

3）设备检查。

（3）操作要求

1）准备工作完善、正确、无遗漏。

2）选用菜单正确。

3）操作步骤正确。

4）仪表使用正确。

5）参数读写正确。

6）作业安全规范，无违规、违章操作。

第 4 章

视频监控车站设备

学习目标

- ☑ 了解视频监控技术和电视原理
- ☑ 掌握视频压缩编码方法
- ☑ 了解视频监控设备的功能特点
- ☑ 掌握视频监控设备的操作方法
- ☑ 了解车站视频监控系统的功能
- ☑ 掌握车站视频监控系统的原理和组网方式

4.1 视频监控基础知识

知识要求

4.1.1 视频监控技术

在社会信息化日益发展的今天，信息技术、网络技术、通信技术及多媒体技术已经渗透到人类生活的各个领域中，视频监控以其直观、方便和内容丰富等特点，日益受到人们的青睐。

1. 发展进程

视频监控系统的发展大致经历了 3 个阶段：20 世纪 90 年代以前，主要是模拟设备为主的模拟视频监控系统；到了 20 世纪 90 年代，随着计算机处理能力的提高和视频技术的发展，出现了准数字视频监控系统；进入 21 世纪，随着网络带宽、计算机处理能力和存储容量的迅速提高及各种实用视频信息处理技术的出现，视频监控进入了网络时代，称为数字化网络视频监控，数字化网络视频监控是将传统视频监控系统的所有功能交给计算机来实现。

数字化网络视频监控是以前台管理为主的方式，主要功能是图像信号的分配、切换和前端设备的控制。

2. 监控方式

城市轨道交通视频监控系统一般采用车站、控制中心、上级监控中心三级互相独立的监视方式。平常以车站值班员控制为主进行视频监视，控制中心调度员可任意选择上调各车站的任一摄像头的监控画面。在紧急情况下则转换为以控制中心调度员控制为主进行视频监控。

在一个城市有多条线路的情况下，上级管理中心可以设置上级监控中心，根据需要调看各线路监视画面，从而形成车站、控制中心和上级监控中心的三级视频监控系统，上级监控中心的图像直接由控制中心传送。出于安全与事故取证的要求，视频监控系统还应具有录像功能。

4.1.2 电视原理

电视是采用动画的视觉原理构造而成的，其基本原理为顺序扫描并传输图像信号，然后在接收端同步再现图像。电视图像扫描是由隔行扫描组成场，由场组成帧，一帧为一幅图像。下面介绍有关电视的一些术语。每秒扫描多少帧为帧频，每秒扫描多少场为场频，每秒扫描多少行为行频。

1. 可见光

可见光包括复合光和单色光。复合光可以呈现与单色光相同或不同的颜色，单一波长的光称为单色光。

2. 对比度

对比度是图像的最大亮度与最小亮度之比，我国电视标准规定甲级机的灰度等级应能显示 8 级，灰度是指图像的黑白亮度层次。如果在图像中最亮部分到最暗部分能分辨的亮度层次越多，图像就越清晰，越逼真。

3. 色饱和度

色饱和度与彩色中所渗入的白光比例有关。渗入的白光越多，色光越浅，色饱和度越低；渗入的白光越多，色光越深，色饱和度越高。

4. 亮度

亮度是指人眼所感觉的彩色的明暗程度。亮度取决于光线的强弱。

5. 三基色原理

由人眼的视觉灵敏度曲线可看出，等强度的红、绿、蓝三基色光给人眼的亮度感觉是不一样的，绿色光最亮，红色 + 蓝色 + 绿色 = 白色。

6. 电视扫描

我国的电视画面传输率是每秒 25 帧、50 场。25 Hz 的帧频能以最少的信号容量有效地满足人眼的视觉残留特性；50 Hz 的场频隔行扫描，把一帧分成奇、偶两场，奇偶的交错扫描相当于遮挡板的作用。这样，在其他行还在高速扫描时，人眼不易觉察出闪烁，同时也解决了信号带宽的问题。由于我国的电网频率是 50 Hz，采用 50 Hz 的场刷新率可以有效地去掉电网信号的干扰。

电子束沿水平方向的扫描称为行扫描，其中从左至右的扫描称为行扫描正程，从右至左的扫描称为行扫描逆程，从上至下的扫描称为帧扫描正程，从下至上的扫描称为帧扫描逆程，帧扫描正程时间远大于帧扫描逆程时间，为减少信号的频带宽度而采用隔行扫描。

7．黑白全电视信号

黑白全电视信号包括图像信号、复合同步信号和复合消隐信号三部分。黑白全电视图像信号在场扫描和行扫描正程传送。

8．电视同步

电视同步是指接收端与发送端的扫描点应有一一对应的几何位置，如果接收端与发送端行扫描同步而场扫描不同步，屏幕上会出现图像左右滚动或跳动的情况，电视机开机后，屏幕上出现一条水平亮线，说明故障出在行扫描部分。

9．彩色全电视信号

将色度信号、亮度信号、消隐信号、同步信号（全色同步信号）等叠加在一起即构成彩色全电视信号。

10．电视制式

彩色电视可分为兼容制彩色电视和非兼容制彩色电视。兼容制彩色电视传送亮度信号和色度信号（后者是由色差信号调制后组成的）。

电视信号的标准也称电视的制式。世界上现行的彩色电视制式有三种同属于兼容制的彩色电视制式：NTSC（National Television System Committee）制（简称 N 制）、PAL（Phase Alternation Line）制和 SECAM 制。

从信号传送的时间关系上看，彩色电视可分为顺序制、同时制和顺序—同时制。彩色电视的基本图像信号是三个基色信号，不同于只有一个图像信号的黑白电视，完整的彩色电视制式应包括色度信号特点和原黑白电视制式特点。

4.1.3　视频压缩及编码

在人眼视觉冗余中，存在频域冗余。将人眼视觉不敏感的分量去除，不会引起图像主观质量的下降。视频压缩的核心思想就是消除相关信息，通过减少视频序列间的相关性，降低视频内容中的冗余，用较少的比特数来表示视频内容，从而实现对视频的压缩。

1. 数字视频压缩原理

未经压缩的数字视频数据量非常大，一般不适于直接存储和传输。这些数据之所以能进行压缩，一方面是因为人的视觉存在视觉冗余；另一方面是因为数据中存在着很大的冗余，如空间冗余、时间冗余等。

（1）视觉冗余。由于人眼视觉的非均匀性，使得人眼视觉对于某些空间频率感觉迟钝，视频中不同频率成分的内容对于人眼系统而言其重要性是不同的，也就是说存在频域冗余。将人眼视觉不敏感的分量去除，不会引起图像主观质量的下降。

（2）空间冗余。空间冗余是指在同一帧画面中，相邻的像素间存在相关性，特别是当这些相邻像素位于同一个视频对象中时，相关性极强，如图像的背景区域。通过帧内预测编码可以大幅度去除图像的空间冗余，现代的静态图像压缩技术大多数都采用了该方法。

（3）时间冗余。通常对视频序列而言，除非发生场景切换，否则相邻帧在时间上都是连续的。在前后两帧中往往包含与当前帧相同的背景和对象。只是由于镜头的转动或视频对象的移动使得空间位置发生变化，运动越缓慢，位置的变化越小，视频序列在时域存在极强的相关性。

2. 编码方法

视频编码标准的制定工作主要是由国际标准化组织（ISO）和国际电信联盟（ITU）完成的，其中 JPEG 系列由两家共同制定，MPEG 系列由国际标准化组织制定，H.26x 系列由国际电信联盟制定。

（1）JPEG（Joint Photogaphic Expersts Group）标准，1991 年提出，主要是针对静止图像的压缩标准。

（2）JPEG2000 标准，1997 年提出，1999 年完成，是基于小波变换的静止图像压缩标准，不仅有更优秀的压缩性能，而且有更丰富的处理能力。

（3）H.261 标准，最初是针对在 ISDN 上实现电信会议，特别是面对面的可视电话和视频会议而设计的。实际的编码算法类似于 MPEG 算法，但是不能与 MPEG 兼容。H.261 在实时编码时比 MPEG 所占用的 CPU 运算量少很多，此算法为了优化带宽占用量，引进了在图像质量与运动幅度之间的平衡机制，也就是说，剧烈运动的图像比相对静止的图像质量要差。因此这种方法是恒定码流可变质量编码而非恒定质量可变码流编码。

（4）H.263 标准，是国际电信联盟 ITU-T 的一个标准草案，是为低码流通信而设计的。但实际上这个标准是可用在很宽的码流范围的，而非只用于低码流应用，它在多种应用中被认为可取代 H.261。H.263 的编码算法与 H.261 一样，但做了一些改善和改变，以提高性能和纠错能力。H.263 标准在低码率下能够提供比 H.261 更好的图像效果。

（5）H.264 标准的出现是数字视频编码学科发展中的一件重要的事情，其优异的压缩性能在数字电视广播、视频实时通信及多媒体短消息等多个方面发挥了重要作用。H.264 视频编码标准有两个优点：第一，具有高视频压缩比，约为 H.263、MPEG-4 的两倍；第二，具有良好的网络亲和性，即可适用于各种传输网络。

（6）MPEG-1 标准，制定于 1992 年，是针对 1.5 Mb/s 以下数据传输率的数字存储媒体运动图像及其伴音编码而设计的国际标准，也就是通常所见到的 VCD 制作格式。

（7）MPEG-2/H.262 标准，制定于 1994 年。MPEG-2 标准是针对标准数字电视和高清晰度电视在各种应用下的压缩方案和系统层的详细规定，编码码率从 3~10 Mb/s，MPEG-2 并不是 MPEG-1 的简单升级，MPEG-2 在系统和传送方面作了更加详细的规定和进一步的完善。这种格式主要应用在 DVD/SVCD 的制作（压缩）方面，同时在一些 HDTV（高清晰电视广播）和有较高要求的视频编辑、处理上也有相当的应用。

（8）MPEG-4 标准，制定于 1998 年。MPEG-4 是为了播放流式媒体的高质量视频而专门设计的，可利用很窄的带宽，通过帧重建的技术压缩和传输数据，以求使用最少的数据获得最佳的图像质量。目前 MPEG-4 最有吸引力的地方在于能够保存接近于 DVD 画质的小体积视频文件。支持固定和可变速率视频编码（低速小于 64 kb/s，中速为 64~384 kb/s，高速为 384 k~4 Mb/s），目的在于提供适合用于交互多媒体环境下应用的核心技术，解决视频信号的有效存储和传输等问题。

（9）MPEG-7 标准，规定一个用于描述各种不同类型多媒体信息描述符的标准集合。该标准于 1998 年 10 月提出，主要是对图像内容进行描述，可以根据描述利用搜索引擎进行一般检索，可获取和描述内容相匹配的多媒体信息（如音频、视频数据）。

（10）MPEG-21 标准，其实就是一些关键技术的集成，通过这种集成环境可对全球数字媒体资源进行透明的增强管理，实现内容描述、创建、发布、使用、识别、收费管理、产权保护、用户隐私权保护、终端和网络资源抽取、事件报告等功能。

虽然各种通信媒介容量越来越大并且各种通信协议不断升级，但随着通信量爆炸式的增长，各种传输媒体的带宽却相对显得越来越窄，因此，图像压缩技术得到国际上学术界和工程界高度的重视，并由此得到飞速发展。图像压缩技术的发展趋势是：算法更复杂，压缩率更高。JPEG 的压缩率在 1∶20 左右，JPEG2000 的压缩率更高，MPEG 压缩标准也已经有几代的发展，从 MPEG－1、MPEG－2，到现在的 MPEG－4，压缩算法越来越复杂，运算量越来越大，压缩率也越来越高。

4.2 视频监控车站设备

知识要求

4.2.1 图像采集设备

图像采集设备主要由摄像机、云台等组成。摄像机是获取监控现场图像的重要前端设备，其以 CCD 图像传感器为核心部件，外加同步信号生成电路、视频信号处理电路及电源等组成。摄像机输出的图像信号电压的高低与图像的明暗成反比。

近年来，新型的低成本 CMOS 图像传感器也有了较快的发展，由于 CMOS 图像传感器的分辨率和低照度等主要指标暂时还比不上 CCD 图像传感器，因此，在城市轨道交通视频监控系统中仍大多使用 CCD 摄像机。

1. 摄像机

摄像机的主要传感部件是电耦合器件（Charge Couple Device，CCD），具有灵敏度高、畸变小、寿命长、抗振动、抗磁场、体积小、无残影等特点，能够将光线变为电荷并可将电荷储存及转移，也可将储存的电荷取出使电压发生变化，因此是理想的摄像元件。

彩色 CCD 摄像机具有像素数、白平衡及相位调整等功能。信噪比指的是信号电压对于噪声电压的比值。摄像机信噪比越高，干扰噪点对画面的影响就越小，光圈的自动调整能使摄像机输出的视频信号保持在预先选定标准电平上。

（1）摄像机的组成。摄像机由镜头、机身和护罩（见图 4—1）等组成，摄像机的使用很简单，通常只要安装镜头及视频电缆，接通电源即可工作。

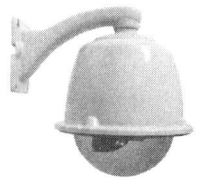 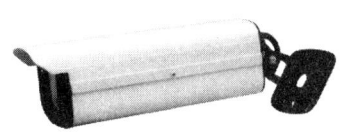

图 4—1 摄像机护罩

（2）摄像机的供电。摄像机一般由直流 12 V、交流 24 V 和交流 220 V 等电源供电。

（3）摄像机的镜头选择。选用镜头时，应使镜头的成像尺寸与摄像机的靶面尺寸相吻合，在光照度变化比较大的场合使用摄像机，最好配接自动光圈镜头并使摄像机的电子快门开关置于关闭（OFF）状态，手动光圈定焦镜头一般应用于光照度比较均匀的场合。

镜头与 CCD 摄像机配合，可以将远距离目标成像在摄像机的 CCD 靶面上，镜头选择得合适与否，会直接关系到摄像机图像质量的优劣，因此，在实际应用中必须合理选择镜头。

视场角是指能够观测到的最大范围的夹角。焦距也称焦长，是光学系统中衡量光的聚集或发散的度量方式，指从透镜中心到光聚集的焦点的距离，从镜片光学中心到底片、CCD 或 CMOS 等成像平面的距离与焦距的关系。一般情况下，视场角越大，焦距就越短。

固定光圈定焦镜头在调试时，可调整聚焦环，使监视器上的图像清晰度达到最佳即可。

2. 云台

云台的电气特征、工作特性和力学特性一般包括输入功率、输入电压、水平转角、承重、输出转矩等。

云台是监控系统前端负责上下和左右转动的步进电动机设备，接收解码器发送过来的电平信号，进行转动（上、下、左、右转动）。根据应用环境基本上可以分为室内云台和室外云台两种。

一般的云台有转动死角，基本可以做到水平 0°～355°，然后必须反向旋转。对于一体化球机的转动范围为 0°～360°全向旋转，主要是高速球机中使用石墨滑环，不受内部线缆连接的限制，一体化球机需要设置波特率和地址。

4.2.2 视频切换控制设备

视频切换控制设备主要分为模拟设备与数字设备两种。模拟设备一般由模拟矩阵和视频服务器构建视频切换控制系统。而数字设备则由编解码设备、数字矩阵、视频服务器组成。编码设备把模拟视频源转变成数字信号,交换设备用于完成视频切换工作,控制设备完成对指令的处理与执行。

1. 视频矩阵

视频矩阵是指通过阵列切换的方法将 m 路视频信号任意输出至 n 路监看设备上的电子装置,一般情况下矩阵的输入大于输出,即 $m > n$。目前的视频矩阵就其实现方法来说有模拟矩阵和数字矩阵两大类。视频矩阵一般用于各类监控场合。

(1) 概念。视频矩阵是指通过阵列切换的方法将 m 路视频信号任意输出至 n 路监看设备上的电子装置,一般来讲,一个 $M \times N$ 矩阵表示可以同时支持 M 路图像输入和 N 路图像输出,即任意的一个输入和任意的一个输出。

(2) 基本功能。视频矩阵的基本功能是切换视频信号,就是将视频图像从任意一个输入通道切换到任意一个输出通道显示。

(3) 模拟矩阵。系统主机中的部分控制信号主要由 COM 端口输入,视频切换在模拟视频层完成。信号切换主要是采用单片机或更复杂的芯片控制模拟开关实现。

(4) 数字矩阵。视频切换在数字视频层完成,这个过程可以是同步的,也可以是异步的。数字矩阵的核心是对数字视频的处理,需要在视频输入端增加模 – 数转换,将模拟信号变为数字信号,在视频输出端增加数 – 模转换,将数字信号转换为模拟信号输出。

2. 视频编解码器

编码模块的功能是接收主控模块通过背板传来的 TS 流并解码,解压缩后还原出模拟视频信号并从背板上视频 BNC 插头输出。视频编码器位于网络视频监控系统的前端,而视频解码器则位于用户访问端(或称为后端)。视频编解码器通常由编解码板和电源板组成。

(1) 作用。视频编解码器的控制模块(即系统主控板)的主要功能是接收和响应用户控制命令。视频编码器用于实现前端信号(视频、音频及其他信号)的数字化压缩和网络化,具体功能包括监控点模拟视频信息和报警信息的接入、编码/压缩、传输等。

视频解码器则用于在客户端的控制下接收平台转发过来的网络视频监控码流,解码输出模拟信号到监视器等外围设备,通常部署在用户的监控中心。视频解码器是基于硬件的设备，性能稳定、图像质量好。

（2）压缩编码方式。压缩编码方式是指通过特定的压缩技术，将某个视频格式的文件转换成另一种视频格式文件的方式。视频流传输中最为重要的编解码标准有国际电联的 H.261、H.263，运动静止图像专家组的 M-JPEG 和国际标准化组织运动图像专家组的 MPEG 系列标准。

4.2.3 车站其他设备

车站其他设备包括终端显示设备、视频均衡器、字符发生器设备和车站录像设备。

1. 监视器与电视墙

监视器主要由显示器、视频信号处理电路及相应的扫描驱动电路等设备组成。一般在车站站台发车端的 PDP 监视器带有定时开关设备。监视器的尺寸是指荧光屏对角线的长度。监视器对于白平衡的要求是：在显示黑白图像时，在所有亮度之下显像管都只能给出各级白色和灰色而不带任何色彩。

监视器在城市轨道交通中一般置于车站车控室，控制中心调度大厅等场所，而电视墙是由多台电视机或监视器紧密拼凑在一起组成的一面显示墙，通常用于显示多个图像信号，一般建在指挥中心、监控中心、调度中心等核心场所，便于实时观看现场以供指挥、调度、监控和查看图像信号是否正常等。

2. 视频均衡器

前端摄像机所摄的视频图像信号通过传输线缆或传输设备进入机柜内的视频均衡器，视频图像信号经过视频电缆线长距离传输后，其幅度、频率和相位会衰减和畸变。当视频电缆线长度超过 500~800 m 后，视频图像信号会衰减和畸变到无法获得正常的接收效果。

（1）作用。视频均衡器的作用是对这种幅度、频率衰减和相位畸变的视频图像信号进行反方面的补偿，只要严格按照本设备的调试程序和要求就可以使远程传输图像的对比度、色变和清晰度恢复到原有图像效果。

（2）技术指标。视频均衡器的技术指标如下：

最大视频输入：8 路。

最大视频输出：16 路（对应一分二）。

视频输入/输出幅度：$1V_{p-p}$（75 Ω）。

供电电源：AC220 V ± 10%，50 Hz。

功耗：10 W。

环境温度：-10~55℃。

外形尺寸：480 mm×44 mm×298 mm。

（3）调节要求。将需补偿的图像信号接入信号输入端，两个视频输出口可分别接至监视器及其他设备，要求匹配阻抗为75 Ω。

1）用示波器观察输出图像信号，调节幅度电位器使行同步信号幅度达到 $0.3\ V_{p-p}$，波形如图4—2所示。

2）调节相位电位器，使行同步信号的前沿波形如图4—3所示。

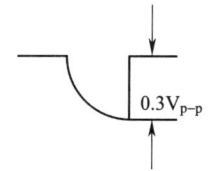

图4—2 同步信号幅度波形

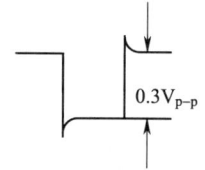

图4—3 同步信号的前沿波形

3）调节均衡电位器，使色同步信号（副载波）幅度达到 $0.3\ V_{p-p}$，波形如图4—4所示。

4）反复微调三只电位器，使输出信号达到最佳。

3．字符发生器

图像信号经字符发生器分配后进入硬盘录像机、画面处理器和视频矩阵。

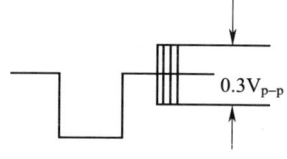

图4—4 色同步信号（副载波）幅度

（1）作用。字符发生器主要用于电视监控场合中将汉字字符、时钟与视频信号叠加。视频信号经汉字字符及时钟叠加后，使监视器中显示的画面信息一目了然，同时给录像资料的查找也带来极大的方便性和准确性。

（2）技术指标。字符发生器的技术指标如下：

视频最大输入数：8路。

视频最大输出数：32路（对应一分四）。

视频输入、输出幅度：$1\ V_{p-p}$（75 Ω）。

带宽：8 MHz。

字符叠加方式：中文、英文、时钟及其他图形。

每路字符数量：汉字8个，或英文字母16个。

每路时钟显示：年、月、日、时、分、秒。

字符显示位置：上、下、左、右。

显示序号：01~96，或不显示。

外部通信方式：RS232。

多机集群通信方式：RS485。

供电电源：AC220 V±10%（50 Hz）。

功率消耗：15 W。

工作环境温度：-10~50℃。

工作环境相对湿度：≤95%，无结露现象。

（3）与计算机连接操作。用 RS232 线将字符发生器与计算机的某一 COM 口连接即可进行相关的操作。

（4）多机连接方式。如多机使用时，需将机器间 RS485 "+" 与 "+" 相连，"-" 与 "-" 相连（RS485 接线柱左为 "+"，右为 "-"，此功能用于多机间统一校对时钟）。

4. 车站录像设备

存储方式对轨道交通视频监控系统显得尤为重要，在轨道交通视频监控应用领域主要有 DVR（硬盘录像机）存储和 IPSAN（磁盘阵列）存储两种方式，各站配有回放服务器，通过网络可从硬盘录像机中调取本站回放视频图像。

硬盘录像机有多种类型：从结构上来说，有 PC 插卡型或嵌入式一体机型；从所用的核心芯片来说，有基于数字信号处理器（DSP）和基于专用集成电路（ASIC）的类型。

目前硬盘录像机的主流视频压缩格式是 H.264，由于硬盘录像机的时钟和字符叠加是隐藏的，硬盘录像机上显示的时间是由字符发生器产生的。

4.2.4 入侵报警系统

安防入侵报警系统，是轨道交通安全防范系统中最重要的一个组成部分，能够在第一时间以图像、文字形式告知管理、维护和保安人员现场发生的情况，使各相关部门及时有效地做出快速反应，为处理事故提供切实依据。

1. 入侵报警系统的组网

城市轨道交通入侵报警系统是一个非常庞大的系统。系统组网分级如下：

第一级：由车站的报警探测器、报警主机、报警服务器等设备组成，实现对报警系统的设置、报警信号的采集、站内视频联动、报警信息上传等功能。

第二级：各线路控制中心为第二级，通过通信传输系统与第一级建立通信，采集车站的报警信号，实现中心视频联动功能，通过传输网络向上级中心上传报警信号，并实现对整个线路报警设备的管理，达到整个线路的报警监控功能。

第三级：上级监控中心，通过上层网或专用传输网接收各线路控制中心上传的报警信号，实现报警联动，进行应急指挥。

2. 前端探测设备

（1）探测器。探测器可分为主动红外线探测器、被动红外/微波双鉴探测器等，是以单片机技术为基础，采用多束主动红外线探测的工作原理，再辅以光学系统，防范一个平面。其最明显的特征是由发射端主动发射红外线，由接收端接收红外线，形成红外线的网。这种探测器能够对入侵物进行主动防范，不会因小宠物的穿越或气候的影响而产生误报警情，从而最大限度降低了误报率。

被动红外探测是将入射的红外辐射信号转变成电信号输出的器件。红外辐射是波长介于可见光与微波之间的电磁波，人眼察觉不到。要察觉这种辐射的存在并测量其强弱，必须将其转变成可以察觉和测量的其他物理量。一般说来，红外辐射照射物体所引起的任何效应，只要效果可以测量而且足够灵敏，均可用来度量红外辐射的强弱。现代红外探测器所利用的主要是红外热效应和光电效应。这些效应的输出大都是电量，或者可用适当的方法转变成电量。

为了克服单一技术探测器的缺陷，通常将两种不同技术原理的探测器整合在一起，只有当两种探测技术的传感器都探测到人体移动时才报警的探测器称为双鉴探测器。微波与被动红外两种方法探测，并经过模糊逻辑数码分析，排除种种普通探测器无法克服的干扰，只对人体移动做出报警，杜绝误报漏报，性能远远超出无微波功能的各种红外探测器。此外，微波探测稳定可靠，抗干扰能力强，最大可覆盖范围更加宽远，并可予以视区成型设置。

（2）报警按钮。报警按钮是安防系统中的一个设备类型，当有紧急情况发生的时候，人员手动按下报警按钮，向报警主机报告有特殊情况。

（3）应急电话。当应急电话被运用时，该设备会发出一个报警信号通知报警控制主机，与视频监控系统联动，从而主动切换至现场图像，便于管理人员处理紧急事件。

3. 报警控制设备

控制部分是整个系统的"心脏"和"大脑"，是实现整个系统功能的指挥中心。这个工作由报警控制主机和车站视频服务器共同实现。

报警控制主机直接接收来自入侵探测器发出的开关报警信号，发出声光报警并指示入侵发生的部位。声光报警信号能保持到手动复位,如果再有入侵报警信号输入时,能重新发出声光报警信号。且报警控制主机有防破坏功能,连接入侵探测器和控制主机的传输线发生断路、短路或并接其他负载时能发出声光报警故障信号,还能通过联动控制器联动频闪灯等。报警信号能保持到引起报警的原因排除后,才能实现复位。

此外报警控制主机能向与该机接口的全部探测器提供直流工作电压(当前端入侵探测器过多、过远时,也可单独向前端探测器供电)。

报警控制主机具有对控制系统进行自检,检查系统各个部分的工作状态是否处于正常工作状态等功能。

报警控制主机将报警信息通过以太网和传输系统上传至车站视频服务器和控制中心网管终端,车站视频服务器接收报警信号后,实现与视频监控系统的联动功能。

技能要求

定焦摄像机的调试及参数设置

定焦摄像机在地铁应用广泛,通过对定焦摄像机的线路连接、调试及参数设置,使学员了解电视监控系统的定焦摄像机的调试及相关参数的设置,掌握相关的调试方法。

操作准备

实训设备及工具的准备见表4—1。

表4—1　　　　　　　　　　实训所需的设备及工具

序号	名称	规格	单位	数量	备注
1	摄像机		台	1	
2	监视器		台	1	
3	电源盒		套	1	
4	视频线		套	1	
5	万用表		套	1	
6	电源线		套	1	
7	一字旋具		套	1	

操作要求

1. 正确显示图像。

2. 正确设置摄像机参数。

3. 正确进行摄像机初始化设置。

4. 正确执行作业安全规范。

操作步骤

步骤1：了解定焦摄像机的组成。定焦摄像机由机身和镜头两部分组成，如图4—5所示。

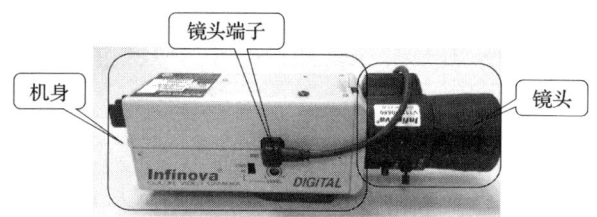

图4—5 摄像机机身和镜头

将镜头旋入机身上的镜头支架，并将镜头连接线连接至机身，摄像机的两部分组装完毕。

步骤2：了解定焦摄像机机身背部说明。定焦摄像机机身背部说明如图4—6所示。

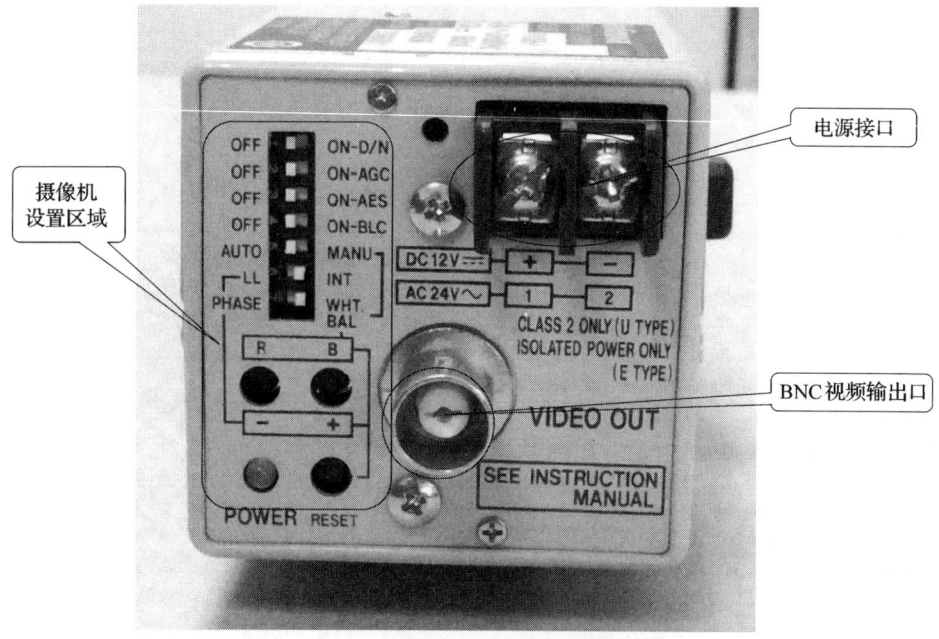

图4—6 摄像机机身背部说明

摄像机设置区域的功能介绍如下：

D/N（日夜选择）开关：拍摄亮度连续变化的环境（白天/夜晚）中的物体时，将此开关设置为 ON。当被拍摄物处于明亮的环境下，图像切换到彩色，当在黑暗的环境下切换到黑白。选择 OFF 时，图像始终设定在彩色方式（出厂设定：AAU-TOB）。

AGC（自动增益）开关：如果将 AGC 开关设为 ON，会自动对暗图像提高光敏度。

AES 开关：该开关设为 ON 时，启用自动电子快门，且快门速度根据亮度自动改变。设为 OFF 时，快门速度将固定在 1/50（出厂设定：OFF）。

BLC（背光补偿）开关：在背光环境时，把该开关设为 ON。

WHT BAL：白平衡调节。

LL：设置电源外同步。

INT：设置电源内同步。

步骤 3：打开电源盒盖，电源盒内部结构如图 4—7 所示。

图 4—7　电源盒内部结构图

步骤 4：正确连接系统，使图像正常显示，如图 4—8 所示。

步骤 5：进行定焦摄像机的变焦调节与对焦调节（见图 4—9）。镜头主要由变焦控制杆和对焦控制杆两个部件控制图像的调节。

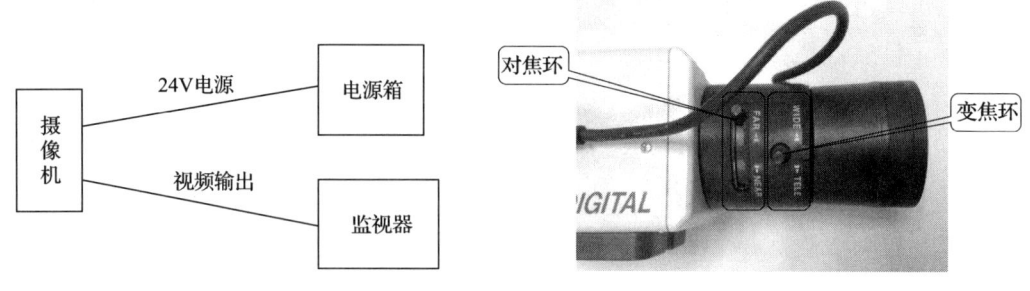

图4—8 系统连接图　　　　　　图4—9 对焦调节

变焦控制：有 W 和 T 两个方向。向 W 方向旋转，图像范围将变广，可以看到的范围更大；向 T 方向旋转，图像将放大，可以看得更远。图像可以看到的范围由镜头的焦段所决定，根据不同的场合需要使用不同焦段的镜头。

对焦控制：有 N 和 F 两个方向。向 N 方向旋转，图像的对焦点越近，向 F 方向旋转，对焦点会越远。每个镜头都有最近的对焦距离，如果对焦点小于镜头的最小对焦距离，则无法获取清晰的图像。

步骤6：设备复原，整理工具，清理场地，操作完成。

某车站摄像机在监视器上无图像的故障处理

某车站摄像机在监视器上无图像的故障，在地铁线路上经常出现，正确迅速处理这类故障是必须掌握的。

操作准备

实训设备及工具的准备见表4—1。

操作要求

1．按要求进行正确的通电测试。

2．按要求进行故障查询。

3．正确执行作业安全规范。

操作步骤

步骤1：检查摄像机电源盒

（1）打开电源盒盖，电源盒内部结构如图4—7所示。

（2）用万用表检查 220 V 进线端电压是否为 220 V，检查 24 V 输出端电压是否为 24 V。

步骤2：检查摄像机接口，如图4—10所示。

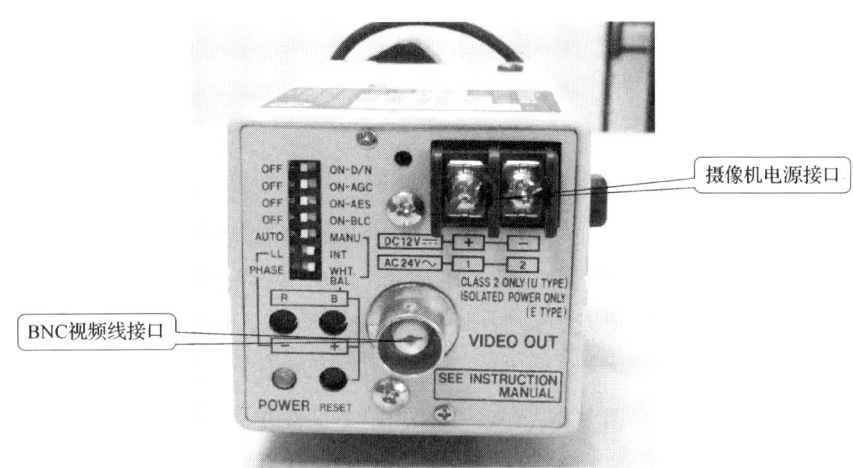

图 4—10 摄像机接口图

（1）用万用表检查摄像机的电源接口，查看是否有 24 V 交流电或 12 V 直流电。

（2）用视频线连接摄像机机身后的 BNC 视频线接口，查看是否有图像输出。

步骤 3：检查视频均衡器。

（1）检查视频均衡器的电源，用万用表检查视频均衡器电源接口处的电源是否为 220 V。

（2）检查视频均衡器视频输入端口的视频线是否有图像，将视频线直接接至监视器，查看是否有图像信息。

（3）检查视频均衡器的视频输出端口的视频线是否有图像输出。

步骤 4：检查视频矩阵。

检查视频矩阵视频输入端口是否有图像，将视频线直接接至监视器，查看是否有图像信息。

步骤 5：设备复原，整理工具，清理场地，操作完成。

4.3 车站系统原理

知识要求

4.3.1 车站视频监控系统

车站视频监控系统，通过在车站各个位置设置的固定摄像机和球形摄像机，提供视频图像给车控室调度员及列车驾驶员，同时，将这些图像进行录像保存，以供事后调看录像。

1. 车站视频监控设备的设置

城市轨道交通视频监控设备设置在售检票大厅、乘客集散厅、上下行站台、自动扶梯、各个车站出入口等公共场所，以及设置消防设备及变电设备的地方设置监视摄像机。摄像机的安装位置、数量及安装方式应根据乘客流向、乘客聚集地等综合考虑。同时，在设置重要设施处也应安装摄像机，以利于监管。

2. 视频矩阵方案

车站视频监控设备可采用视频矩阵方案。视频矩阵方案是指视频切换采用视频矩阵来完成，就是将车站的所有摄像机信号通过视频均衡器、字符合成器后输入视频矩阵，通过操作控制键盘，将所需的摄像机信号送到所要调看的监视器上进行选看。

3. 全编码器方案

车站视频监控设备可采用全编码器方案。全编码器方案是指视频切换不采用视频矩阵来完成，而是将车站的所有摄像机信号通过视频均衡器、字符合成器后，直接通过视频编码器，将模拟信号转化成数字信号，通过操作鼠标，将所需的摄像机信号送到所要调看的监视器上进行选看。

4.3.2 组网方式

城市轨道交通视频监控系统一般由车站、控制中心、上级监控中心三部分构成。视频监控系统主要分为模拟组网和模数结合组网两种方式，模数结合组网方式是对每个视频图像从源头开始编码调制，把模拟信号变为数字信号，以数字视频交换单元为核心构建数字网络。

1. 模拟组网

模拟组网是指视频图像从模拟视频切换单元输出端口显示在监视器上。键盘控制命令通过模拟视频切换单元发出到前端球形摄像机或云台摄像机的控制码板，用来控制球形摄像机或云台摄像机。同时通过视频服务器与模拟视频切换单元可实现画面巡视、成组切换、报警联动、控制前端辅助设备、音视频联动、与门禁及弱电等其他系统的大规模集成。

模拟组网方式操作简单，直接通过键盘或多媒体控制软件控制整套系统，是模数组网方式的优点之一。

（1）模拟组网系统图。图4—11所示为车站模拟视频监控系统示意图。

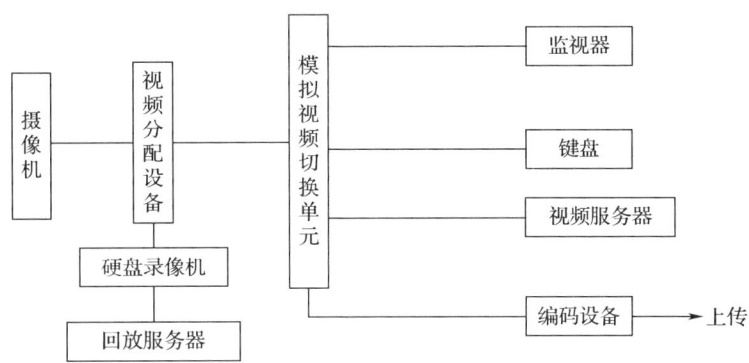

图4—11 车站模拟视频监控系统示意图

（2）优点。模拟组网方式具有如下优点：

1）系统成熟、稳定，矩阵技术已经经历了数十年的发展过程，能实现几乎所有的视频监控的功能，图像质量清晰，能轻松实现大规模、复杂系统的集成。

2）操作简单，直接通过键盘或多媒体控制软件控制整套系统。

3）通过多媒体系统平台很方便地实现与其他子系统的集成。

4）通过视频服务器将模拟图像编码上传到网络上，可实现网络远程对矩阵主机的图像调看和控制。

（3）局限性。模拟组网方式具有如下局限性：

1）系统内连接设备间的介质（视频线、音频线、信号线等）是专用的，其传输距离有限。

2）系统扩容比较复杂，须经厂商的专业工程师来完成，不是很方便。

3）集中监控优势明显，但是远程多中心和多用户监控实现起来比较困难。

2. 模数结合组网

模数相结合的组网方式是在原有模拟系统的基础上，对每个视频图像从源头开始编码调制，把模拟信号转变为数字信号，以数字视频交换单元（由编码设备、交换设备、控制设备组成）为核心构建数字网络，实现数字化与网络化的新应用，同时在终端以解码模块将数字信号还原为模拟信号，在监视器上显示。

（1）模数结合组网系统图，如图4—12所示。

（2）优点。模数结合组网方式具有如下优点：

1）本地采用模拟监控为核心系统，画质清晰，控制基本无延时。

2）远程网络访问和控制以数字系统为核心，具有数字系统不受地域限制的优势。

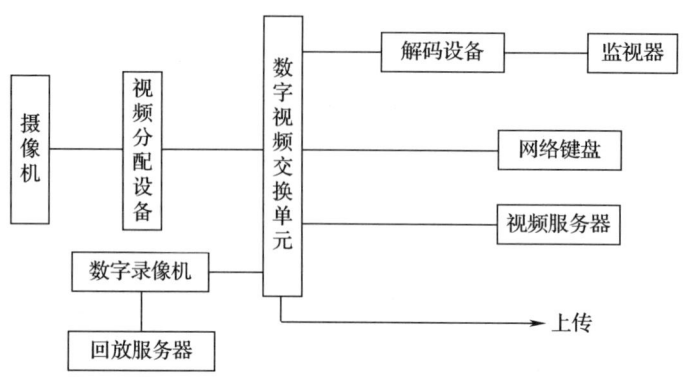

图4—12 模数结合组网系统图

3）系统用户权限管理实现简单，多个分中心均可分配不同的权限，网络用户的权限设置通过数字系统中的服务器来实现。

技能要求

对录像设备进行操作

车站录像设备是事后取证的重要手段，必须掌握该项操作。

操作准备

实训设备及工具的准备见表4—2。

表4—2　　　　　　　　实训所需的设备及工具

序号	名称	规格	单位	数量	备注
1	光盘		个	1	

操作要求

1. 正确连接设备。
2. 正确回放、下载摄像机图像。
3. 正确执行安全作业规范。

操作步骤

步骤1：打开光盘中录像回放软件 ，进入录像界面。

步骤2：单击"录像回放"按钮（见图4—13），打开录像回放界面。

第 4 章
视频监控车站设备

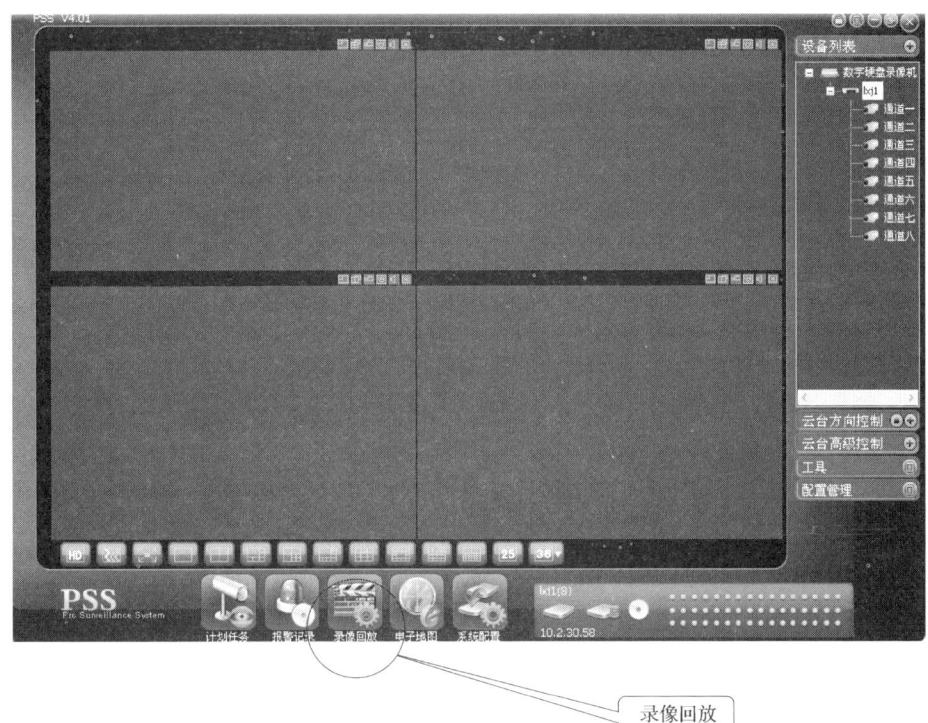

图 4—13　单击"录像回放"按钮

步骤 3：在"录像回放"界面的"设备录像"选项卡中选择录像设备、通道、时间，查找所需录像并下载，下载的文件保存在默认目录下，如图 4—14 所示。

图 4—14　查找所需录像并下载

步骤4：在"下载"选项卡中可查看下载状态，如图4—15所示。

图4—15　步骤4

步骤5：设备复原，整理工具，清理场地，操作完成。

本章测试题

一、判断题（将判断结果填入括号中。正确的填"√"，错误的填"×"）

1. 复合光可以呈现与单色光相同或不同的颜色。　　　　　　　（　　）
2. 对比度是图像的最大亮度与最小亮度之比。　　　　　　　　（　　）
3. 亮度是指人眼所感觉的光线的明暗程度。　　　　　　　　　（　　）
4. 前端摄像机所摄的图像通过传输线缆或传输设备进入机柜内视频均衡器。
　　　　　　　　　　　　　　　　　　　　　　　　　　　　　（　　）
5. 控制中心设有键盘，通过网络向视频矩阵发送切换和控制命令。（　　）
6. 控制中心视频服务器通过传输网络接收各上级监控中心的指令。（　　）
7. 摄像机的使用很简单，通常只要安装镜头及视频电缆，接通电源即可工作。
　　　　　　　　　　　　　　　　　　　　　　　　　　　　　（　　）
8. 云台的电气特征、工作特性和机械特性一般包括输入功率、输入电压、水平转角、承重、输出转矩等。　　　　　　　　　　　　　　　　　（　　）

9. 镜头的焦距越短，其视场角越小。　　　　　　　　　　　　　　　　（　　）
10. 视频编解码器通常由编码板、解码板和电源板组成。　　　　　　　（　　）

二、单项选择题（选择一个正确的答案，将相应的字母填入题内的括号中）

1. 摄像机的供电电源有（　　）。

A. 交流 12 V　　　　　　　　　　　　B. 交流 18 V

C. 直流 24 V　　　　　　　　　　　　D. 交流 24 V

2. 色饱和度与彩色中所渗入的白光比例有关，渗入的白光（　　），色光越浅，色饱和度越低。

A. 越多　　　　B. 越少　　　　C. 一样　　　　D. 全白

3. 模拟组网方式操作简单，直接通过键盘或多媒体（　　）控制整套系统。

A. 控制软件　　　　　　　　　　　　B. 操作命令

C. 操作程序　　　　　　　　　　　　D. 运行程序

4. 固定光圈定焦镜头在调试时，可调整（　　）环，使监视器上的图像清晰度达到最佳即可。

A. 光圈大小　　　B. 镜头大小　　　C. 聚焦　　　D. 变焦

5. 视频矩阵的主要功能是（　　）。

A. 分配视频信号　　　　　　　　　　B. 切换视频信号

C. 调节视频信号　　　　　　　　　　D. 将视频信号转换为光信号

6. 手动光圈定焦镜头一般应用于光照度比较（　　）的场合。

A. 强　　　　B. 弱　　　　C. 均匀　　　　D. 阴天

本章测试题答案

一、判断题

1. √　　2. √　　3. ×　　4. √　　5. ×　　6. √　　7. √　　8. √

9. ×　　10. ×

二、单项选择题

1. D　　2. A　　3. A　　4. C　　5. B　　6. C

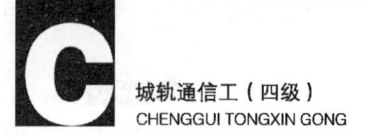

技能操作复习题

一、定焦摄像机的调试及参数设置

试题单

（1）操作条件

1）定焦摄像机。

2）监视器。

3）连接线和电源。

（2）操作内容

1）将摄像机的图像在监视器上进行显示。

2）摄像机参数设置，包括地址设置（S1 C1）、AGC（自动增益）设置、自动白平衡设置、自动光圈驱动设置、自动亮度设置、电源同步设置。

3）摄像机初始化。

（3）操作要求

1）正确显示图像。

2）正确设置摄像机参数。

3）正确进行摄像机初始化设置。

4）正确执行作业安全规范。

二、车站录像图像的回放及下载

试题单

（1）操作条件

1）摄像机。

2）录像回放机。

3）监视器。

4）电源及连接导线。

（2）操作内容

1）将设备进行连接及通电。

2）安装录像回放软件。

3）在录像回放机上回放、下载摄像机图像到桌面。

4）进行光盘刻录。

（3）操作要求

1）正确连接设备。

2）正确安装录像回放软件。

3）正确回放、下载摄像机图像。

4）正确执行作业安全规范。

三、某车站摄像机在监视器上无图像的故障处理

试题单

（1）操作条件

1）摄像机。

2）视频均衡器。

3）视频矩阵。

4）监视器。

5）万用表和示波器。

（2）操作内容

1）通电并对设备进行检查。

2）查找摄像机无图像的故障原因并进行处理。

（3）操作要求

1）按要求进行正确的通电测试。

2）按要求进行故障查询。

3）正确执行作业安全规范。

第 5 章

光电缆车站设备

学习目标

- ☑ 了解全塑电缆的结构及组成
- ☑ 掌握电缆的配盘与敷设
- ☑ 了解全色谱电缆结构和特点
- ☑ 掌握全塑电缆常用的接续方法
- ☑ 了解光纤通信的光波特点
- ☑ 掌握光纤性能和特性

5.1 通信电缆基础知识

知识要求

5.1.1 全塑电缆

全塑电缆是芯线绝缘层、缆芯包带层、扎带和护套均采用塑料制成的电缆。全塑电缆具有电特性好，传输质量优良，便于机械化、自动化施工，维护方便、故障少、使用寿命长，投资经济等特点。

1. 结构

全塑电缆的缆芯主要由芯线、芯线绝缘、缆芯绝缘、缆芯扎带及包带层等组成。

2. 芯线组成

芯线由金属导线和绝缘层组成。导线是用来传输电信号的，要求具有良好的导电性能、足够的柔软性和机械强度，同时还要求便于加工、敷设和使用。导线的线质为电解软铜，铜线的线径主要有 0.32 mm、0.4 mm、0.5 mm、0.6 mm、0.8 mm 五种。导线的表面应均匀光滑，没有毛刺、裂纹、伤痕和锈蚀等缺陷。芯线绝缘层简称芯线绝缘，芯线绝缘的优劣对于信号传输及使用是十分重要的。理想的电缆芯线绝缘应具有介电常数低、介质损耗小和绝缘强度高，并具有一定的机械强度、耐老化和性能稳定等特点。

3. 电缆色谱

电缆的缆芯色谱可分为普通色谱和全色谱两大类。

（1）普通色谱。普通色谱对绞同心式缆芯线对的颜色有蓝/白对、红/白对（分子为 a 线色谱，分母为 b 线色谱）两种，每层中有一对特殊颜色的芯线为该层计算线号的起始标记，作为本层最小线号，这一对线称为标记（或标志）线对，其他线对称为普通线对。如普通线对为红/白对，则标记线对为蓝/白对，反之如普通线对为蓝/白对，则标记线对为红/白对。100 对及以上的市内通信电缆设置备用线对，备用线对数为电缆对数的 1%，色谱与普通线对相同。普通色谱对绞同心式通信电缆已经很少采用。

（2）全色谱。全色谱的含义是指电缆中的任何一对芯线，都可以通过各级单位的扎带颜色及线对的颜色来识别，换句话说，给出线号就可以找出线对，拿出线对就可以说出线号。

4. 电缆护套的种类

全塑电缆的护套包在屏蔽层外面，材料是高分子聚合物塑料，这是这种电缆最明显的特点。

全塑电缆的护套主要有单层护套、双层护套、综合护套、粘接护套（层）和特殊护套（层）等。

单层护套由低密度聚乙烯树脂加炭黑及其他辅助剂或普通聚氯乙烯塑料融合挤制而成的，主要特点是加工方便，质轻柔软，容易接续等。

双层护套主要有聚乙烯－聚氯乙烯双层护套和聚乙烯－黑色聚乙烯双层护套两种，结构如图 5—1 所示。前者由于聚乙烯和聚氯乙烯各有特点，可相互取长补短，从而使护套的使用性能更加完善；后者则能提高电缆的机械强度和防潮效果。

通常将电缆金属屏蔽层与塑料护套组合在一起，称为电缆综合护套。

粘接护套是为了解决塑料护套透潮问题，在全塑电缆护套结构中，又发展了将黑色聚乙烯护套和铝屏蔽层紧密粘接，构成了铝－塑粘接护套，其防潮、防电磁干扰和机械强度等方面的性能，都比一些塑料护套优良，其中防潮效果提高了 50～200 倍。所以现在本地网中外线电缆绝大部分都采用这

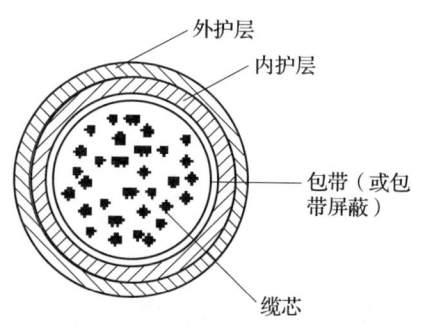

图 5—1 双层护套结构

种护套。

特殊护层用于改善电缆护层机械和屏蔽性能的裸钢。

5.1.2 电缆的单盘检验与配盘

为了保证工程质量，电缆敷设前应进行单盘检验和配盘工作，此处主要介绍电缆的单盘检验与配盘工作。

1. 单盘检验

单盘电缆检验的主要项目有不良线对检验、电缆气闭性检验、绝缘电阻检验、耐压检验及全塑电缆传输端别（A、B端）标记检验等。

常见不良线对有：

(1) 断线。电缆芯线断开。

(2) 混线。芯线相碰触（又名短路）。本对线间相碰为自混，不同线对间芯线相碰为它混。

(3) 地气。芯线与金属屏蔽层（地）相碰，又称接地。

(4) 反接。本对芯线的a、b线在电缆中间或接头中间错接。

(5) 差接。本对芯线的a（或b）线错与另一对芯线的b（或a）线相接，又称鸳鸯对。

(6) 交接。本对线在电缆中间或接头中间错接到另一对芯线，产生错号，又称跳对。

2. 配盘

各盘电缆的电特性不可能完全一样，长度也可能不同，按一定的要求将每盘电缆进行编组、配盘，把长度不等和电气性能不同的电缆安排在预定的段落内，以保证传输质量和合理的经济效果。这种选盘配放电缆的工作称为"配盘"。

电缆配盘必须以单盘电缆检验记录、线路图、电缆分歧点、递减点的分布等为依据。

5.1.3 直埋电缆的敷设

1. 敷设方法

直埋电缆是按照规范的要求，挖完直埋电缆沟后，在沟底铺砂垫层，并清除沟内杂物，再敷设电缆，电缆敷设完毕后，要立即再填砂，还要在电缆上面盖一层砖或者

混凝土来保护电缆，然后回填的一种电缆敷设方式。

2. 质量要求

（1）直埋电缆的电压等级、型号规格及路径符合设计要求，电缆本体质量是合格的。

（2）电缆的埋置深度应符合下列要求：电缆表面距地面的距离不应小于0.7 m，穿越农田时不应小于1 m，且电缆应埋在冻土层以下。在电缆受引入建筑物、与地下建筑物交叉及绕过地下建筑物处等条件限制时，可浅埋，但应采取保护措施。

（3）在电缆线路路径上有可能使电缆受到机械性损伤、化学作用、地下电流、振动、热影响、腐蚀物质、虫鼠等影响的危险地段，均应依据规范要求采取保护措施。

5.2 全塑电缆编号与接续

知识要求

5.2.1 全塑电缆的编号

1. 全塑电缆芯线编号顺序

全塑电缆的芯线顺序与纸绝缘铅套电缆完全不同。铅套电缆的芯线编号是在每层中取标志线对为第一号，并由外层向内层顺序编号。而全塑电缆多为全色谱的，单位式结构中往往以25对（或10对）为一基本单位，并按色谱规定其芯线顺序，由内层向外编号。由于铅套电缆已基本被全塑电缆所取代，只在少数地区少量存在，因而不仅新建的全塑电缆线路应完全按全塑电缆芯线顺序编号，在铅套电缆与全塑电缆相接之处，铅套电缆也应改为从内层向外层编号。

2. 按电缆盘上电缆的方向编号

全色谱电缆芯线顺序是由中心层起向外层顺序编号的。在电缆盘上的电缆是有方向的，一般规定A端线号是面向电缆按顺时针方向进行编号，而B端线号则按逆时针方向进行编号。敷设电缆时电缆的A端应靠近局方，对号时则从远离局方处面对电缆按色谱线序编号。

3. 电缆芯线对号

（1）全塑电缆对号特点。现代化的线路不仅传送话音，还要传送各种数据信息。有些数据信息（高速数据等）对通信线路的要求很高，要求芯线及接续点不得发生瞬断现象。否则，高速数据信息在传送时可能发生误码，从而引起信号的差错造成错误信息。由于传输手段的进步，用户线传输衰减允许放宽，又由于用户密度增加，一般大量使用 0.4 mm 线径的导线。因此不允许用传统的直接接触方式对号，即用小钳或小刀割破芯线绝缘塑料皮接触铜导线以连通对号电路。因为这样做将会因在对号时割伤导线留下很多隐患，在以后的使用中导线经长期缓慢氧化会造成断线或似断非断的故障。全塑电缆应使用专用静电感应式的全塑电缆对号器来进行对号，这样就可不必割开芯线塑料绝缘，只用探头或手碰触芯线（一只手拿住探头，另一只手摸线）来探测，不仅能区分出所对号的线对，还能清楚地判别 A、B 线。

（2）全塑电缆对号器的使用。全塑电缆对号器是一个抗干扰性能优良的直流电源音频放大器，主要指标为：

放大能力：≥80 dB。

抗干扰能力：对号频率为 50 Hz，≥60 dB。

静态情况下电源消耗：≤10 mA。

对号器探头是电容高阻抗输入。对号时，利用电容耦合的输入，经过放大后，根据耳机听到的声音强弱来判断线号。

5.2.2 全塑电缆常用的接续

全塑电缆芯线的接续，是全塑电缆敷设施工中的一个重要的部分。在质量上要求较高：必须接续可靠和长时期保持应有的性能，以保证通信畅通；要求施工有较高的效率、劳动强度低、操作简便、易于掌握；要求工料费少；适合架空、直埋或管道等各种使用场合。

1. 接续方法

当前盛行的全塑电缆芯线接续技术主要采用接线子压接接线法：如美国 3M 公司生产的扣式接线子与模块式接线子的接线法、英国 BICC 公司、EGERTON 公司生产的套管式（B 型）与槽式（6 号）接线子接线法、日本生产使用的销钉式接线子接线法。一般地说，这些接线法都是成功的，都能使用。我国现在全塑电缆芯线的接续主要采用扣式接线子和模块式接线子接续法。

2. 接续的一般规定（见表5—1）

表5—1　　　　　　　　　　接续的一般规定

序号	名称	型号	适用线径（mm）	适用场所
1	扣式	HJK HJKT	0.4～0.9	填充型或非填充型架空电缆；填充型直埋式、管道配线电缆；交接箱成端
2	销套式	HJX	0.32～0.8	非填充型管道、直埋式电缆；局内成端
3	齿式（槽式）	HJC	0.32～0.6	同销套式
4	模块式	HJM HJMT	0.32～0.6	填充型和非填充型管道电缆和直埋式电缆；局内成端

5.3　通信光缆

知识要求

5.3.1　光波性质、波长与波谱

1. 光波性质

光具有波粒二象性。波粒二象性是指某物质同时具备波的特质及粒子的特质，也就是说，从微观来看，光由光子组成，具有粒子性；从宏观来看，光又表现出波动性。光的本质是电磁波，颜色跟波长和频率有关。

2. 光波波长

光波是指波长在 0.3～3 μm 之间的电磁波。可见光中紫光频率最大，波长最短，红光则刚好相反。像红外线、紫外线、伦琴射线等都属于不可见光。红外线频率比红光低，波长更长。紫外线、伦琴射线等频率比紫光高，波长更短。

3. 光波波谱

可见光的波长范围很窄，在 7 600～4 000 Å（在光谱学中常采用 Å 作长度单位来表示波长，1 Å = 10^{-10} m）。从可见光向两边扩展，波长比可见光长的称为红外线，波长从 7 600 mm 到十分之几毫米。可见光光波波谱如图5—2所示。

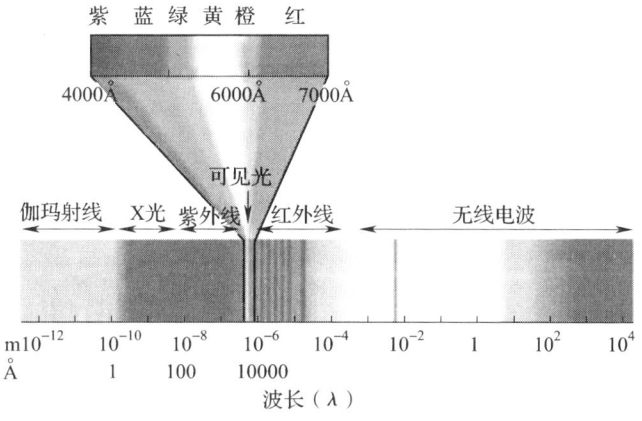

图 5—2　可见光光波波谱

5.3.2　光纤通信系统

1．定义

光纤通信系统是以光波作为载体，以光缆作为传输线路的通信系统。

光纤的发明引起了通信技术的一场革命。从基础研究到商业应用的开发时期，美国贝尔实验室从亚特兰大到华盛顿建立了世界第一条实用化的光纤通信线路，实现了短波长（0.85 μm）低速率（34 Mb/s 或 45 Mb/s）多模光纤通信系统，无中继距离约为 10 km。1996 年波分复用（WDM）技术取得突破，贝尔实验室发展了 WDM 技术，美国 MCI 公司在 1997 年开通了商用的 WDM 线路。光纤通信系统的速率从单波长的 2.5 Gb/s 和 10 Gb/s 爆炸性地发展到多波长的 Tb/s（1 Tb/s = 1 000 Gb/s）。

2．基本组成

常规的光纤通信系统由电端机、光端机、光中继器及光缆传输线路所组成，如图 5—3 所示。该系统可分为三大部分：光发送部分、光传输部分和光接收部分。光发送部分完成电光转换任务，光传输部分的作用是把光信号从发送端传输到接收端，光接收部分完成光电转换任务。为了延长传输距离，必要时需在光缆线路中安置光中继器。

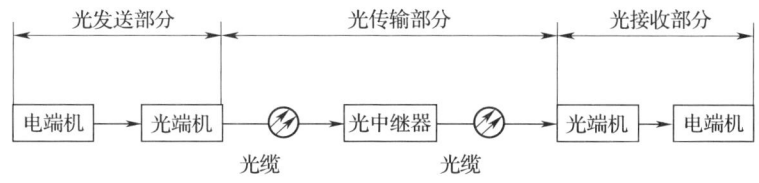

图 5—3　光纤通信示意图

3. 光纤分类

（1）按材料分类，光纤可分为石英系光纤，石英芯、塑料包层光纤，多成分玻璃纤维，塑料光纤。

（2）按工作波长分类，光纤可分为短波长光纤和长波长光纤。

短波长光纤的工作波长在 $0.8 \sim 0.9~\mu m$ 范围，典型值为 $0.85~\mu m$。这种光纤的传输距离较短，目前使用较少。

长波长光纤的工作波长在 $1.0 \sim 1.6~\mu m$ 范围，通常采用 $1.310~\mu m$ 和 $1.550~\mu m$ 两种波长。这类光纤传输距离较长，中继距离可达 100 km。

超长波长光纤通信系统采用非石英系光纤。它可实现 1 000 km 无中继传输。

（3）按传播模式分类，光纤可分为多模光纤和单模光纤，如图5—4所示。

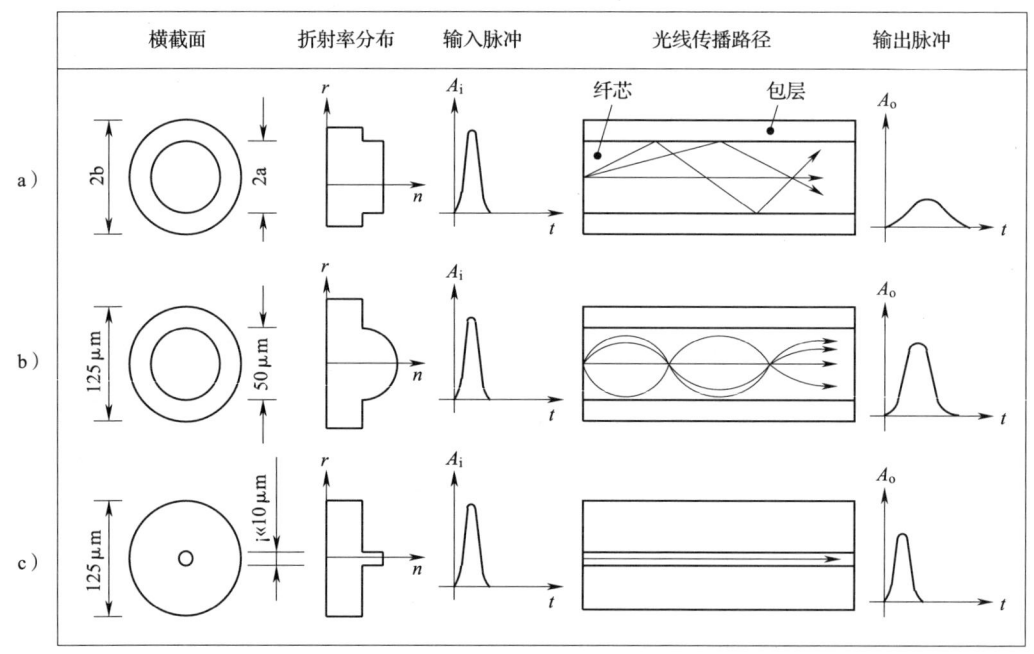

图5—4 三种基本类型的光纤
a) 突变型多模光纤 b) 渐变型多模光纤 c) 单模光纤

1）多模光纤。光波在光纤中以多种模式传播，不同的传播模式有不同的电磁场分布和不同的传播路径，这种光纤称为多模光纤。多模光纤的纤芯直径大多为 $50~\mu m$ 或 $62.5~\mu m$。

2）单模光纤。芯线的直径小到光波波长大小，则光纤就变成波导，光在其中无反射的沿直线传播，这种光纤称为单模光纤。单模光纤的纤芯直径大多为 $4 \sim 10~\mu m$，用在大容量长距离的系统。单模光纤具有传输衰减低、带宽大、易升级扩容的优点。目前，光通信敷设的光缆大部分都是 G.652 常规单模光纤的光缆，有两个工作窗口：1 310 nm 窗口和 1 550 nm 窗口。1 310 nm 窗口色散最小，全面支持高容量、低成本的传输光器件。1 550 nm 窗口衰减最低，有效地支持时分复用（TDM）和波分复用（WDM）系统。

4．光纤通信的优点

（1）传输频带宽。20 世纪 90 年代初光纤通信的实用水平的信息率为 2.488 Gb/s，即一对单模光纤可同时开通 35 000 路电话。当今实验室光系统速率已达 10 Tb/s，几乎是用之不尽的，所以其前景辉煌。

（2）传输损耗低、中继距离长。

（3）线径细、重量轻。光纤的线径细，芯径为 3～100 μm，与人的头发丝粗细相当。

（4）抗电磁干扰、抗辐射性强。

（5）不怕潮湿、耐高压、抗腐蚀（光纤是玻璃制成的，不怕潮湿，不会锈蚀）。

5.3.3 光纤特性

1．光纤损耗

光波在光纤中传输，随着距离的增加光功率逐渐下降，这就是光纤的传输损耗，用衰减系数，即每千米光纤的损耗分贝数来表示，单位为 dB/km。损耗特性的存在使信号幅度减小从而限制系统的传输距离。

光纤的损耗谱特性如图 5—5 所示，图中自然地显示光纤通信系统的三个低损耗窗口：

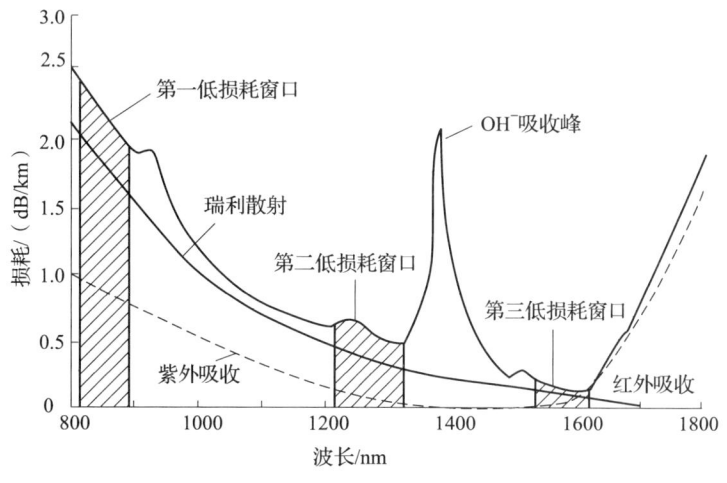

图 5—5　光纤损耗谱特性

第一低损耗窗口在短波长为 0.85 μm 附近。

第二低损耗窗口在短波长为 1.31 μm 附近。

第三低损耗窗口在短波长为 1.55 μm 附近。

实验上曲线的损耗值为：对于单模光纤，在 0.85 μm 时，损耗约为 2.5 dB/km；在 1.31 μm 时，损耗约为 0.4 dB/km；在 1.55 μm 时，损耗仅为 0.2 dB/km，已接近理论值（理论极限为 0.15 dB/km）。

2. 光纤损耗分类

引起光纤损耗的原因有很多，主要与以下两种因素有关。

（1）与光纤材料有关。吸收损耗是由 SiO_2 材料引起的固有吸收（包括紫外吸收、红外吸收）和由杂质引起的吸收产生的。散射损耗主要由材料微观密度不均匀引起的瑞利（Rayleigh）散射和由光纤结构缺陷（如气泡）引起的散射产生的。瑞利散射损耗是光纤的固有损耗，决定着光纤损耗的最低理论极限。

（2）与光纤的几何形状有关。光纤使用过程中，弯曲不可避免，在弯曲到一定的曲率半径时，就会产生辐射损耗。光纤的弯曲有随机微弯和外力弯曲。一般情况下，弯曲半径较小时，辐射损耗不大。

3. 光缆要求

由光纤的温度特性和机械特性可知光纤必须制作成光缆才能使用。光缆线路在长期使用中，必须经受敷设安装和长期维护运用的考验。因此，对光缆有如下基本要求：

（1）不能因成缆而使光纤的传输特性恶化。

（2）在成缆过程中光纤不断裂。

（3）缆径细、重量轻。

（4）便于施工和维护。

光缆的每个熔接头都会引入 0.1 dB 的衰减，每个连接器的衰减值为 0.5 dB。

技能要求

安装一部固定电话

操作准备

实训设备及工具的准备见表 5—2。

表5—2　　　　　　　　　　　实训设备及工具

序号	名称	规格	单位	数量
1	个人工具		套	1
2	刷子		把	1
3	电话机	HA8 000	只	1
4	扎带	2.5 mm ×200 mm	根	10
5	电气绝缘胶带	3 m	卷	1
6	跳线		m	5
7	棉毛布		kg	0.1

操作要求

1. 正确查看分线盒台账并找到位置。
2. 万用表和测试话机的操作规范，测量方法正确。
3. 正确安装话机。

操作步骤

步骤1：查看分线盒台账确定该话机在分线盒模块端子排上的位置。

（1）能够查阅台账。

（2）从台账中查找出该话机所在的室内分线盒，如图5—6所示。

图5—6　查找台账

步骤2：用测试话机测量。

（1）找出该话机在室内分线盒中的芯线。

（2）测试话机找出给定号码在分线盒模块端子排上的位置，如图5—7所示。

图5—7　在分线盒模块端子排上位置

按规范将芯线卡接在模块端子排上。

（3）卡接线时，将芯线放入模块的卡线槽内，如图5—8所示。

图5—8　将芯线放入模块的卡线槽内

（4）把卡接刀头部卡线片插入卡线槽，用力推，听到"咔"的响声，即可同时完成剥线、接线、剪头等工作，如图5—9所示。

（5）按电缆芯线色谱顺序卡接。

（6）卡接处接触电阻足够小且牢固。接触电阻应小于2 MΩ，每根芯线接好后，拉脱力大于25 N（芯线直径为0.4 mm）。

图 5—9 把卡接刀头部卡线片插入卡线槽

(7) 芯线排列规范美观。

(8) 余留长度适当。

(9) 检查卡接质量。

步骤3：插上电话，确定可以使用，整理工具，清理场地，操作完成，如图5—10所示。

图 5—10 插上电话，确定可以使用

开剥光缆

操作准备

实训设备及工具的准备见表5—3。

表5—3　　　　　　　　　实训所需的设备及工具

序号	名称	规格	单位	数量
1	光缆专用工具		套	1
2	光缆	GYTZA53-48B1	m	20
3	棉毛布		kg	0.1
4	酒精棉花			若干

操作要求

1. 会使用各种光缆专用工具。
2. 剥除外护套操作时不得伤及光纤。

操作步骤

步骤1：开剥光缆外护套。

（1）擦净光缆外护套上的污泥，光缆长50 cm，如图5—11所示。

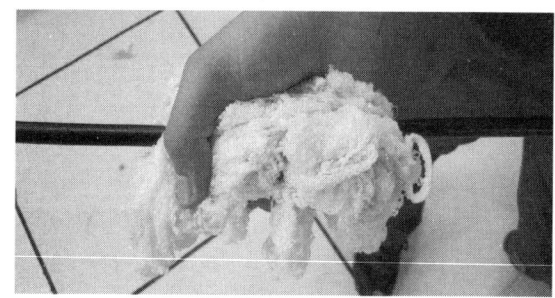

图5—11　擦净光缆外护套上的污泥

（2）在距光缆端头30 cm处用管子钳环切外护套一周，如图5—12所示。

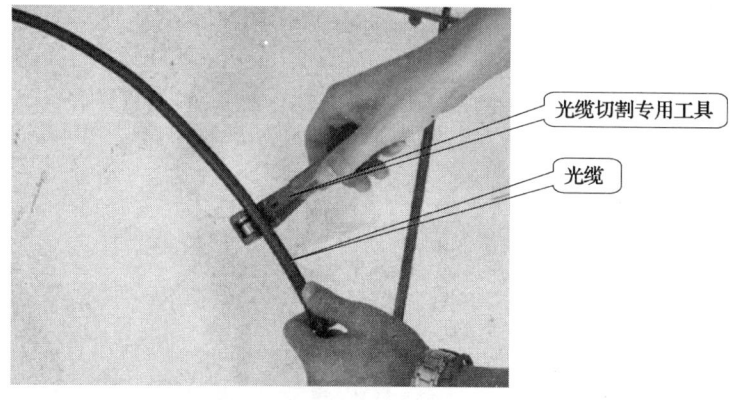

图5—12　用管子钳环切外护套一周

（3）剥除外护套操作时不得伤及松套管，如图5—13所示。

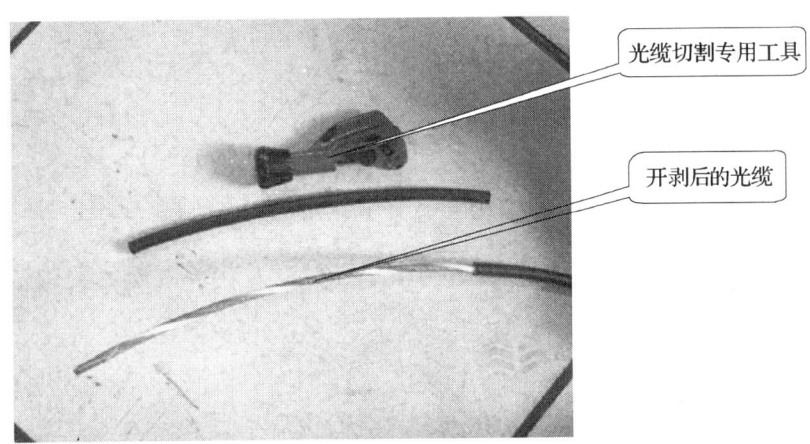

图5—13　剥除外护套操作时不得伤及松套管

（4）清洁填充油。

（5）去除填充管，如图5—14所示。

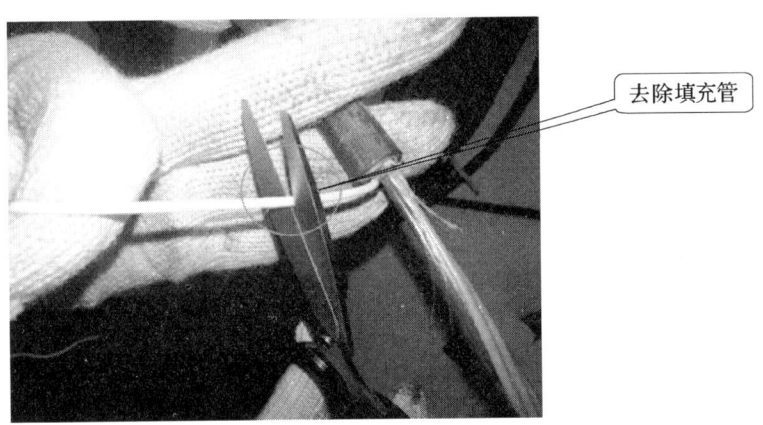

图5—14　去除填充管

（6）去除加强芯，如图5—15所示。

步骤2：开剥光缆松套管。

（1）在距光缆端头10 cm处用松套管专用割刀或美工刀环切松套管一周，如图5—16所示。

（2）剥除松套管操作时不得伤及光纤，如图5—17所示。

（3）清洁填充油。

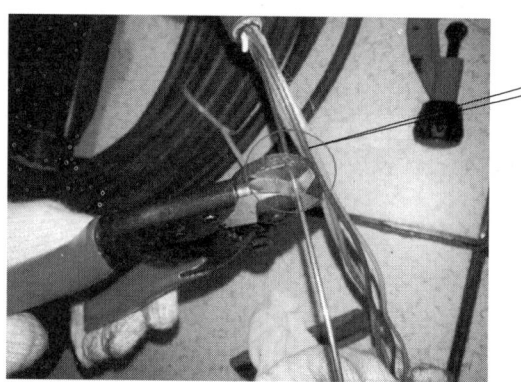

图 5—15　去除加强芯

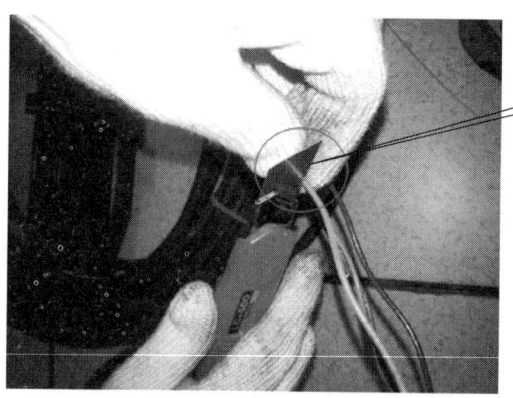

图 5—16　环切松套管一周

图 5—17　剥除松套管操作

本章测试题

一、判断题（将判断结果填入括号中。正确的填"√"，错误的填"×"）

1. 全塑电缆的缆芯主要由芯线、芯线绝缘、缆芯绝缘、缆芯扎带及包带层等组成。（　　）

2. 全塑市内通信电缆的护套包在屏蔽层的外面，其材料主要采用高分子聚合物塑料。护套的种类有：单层护套、双层护套、综合护套、粘接护套和特殊护套等。（　　）

3. 单盘电缆检验的主要项目有不良线对检验、电缆气闭性检验、抗拉检验、耐压检验及全塑电缆传输端别标记检验等。（　　）

4. 市内通信全塑电缆主要是根据电缆的制造单位配盘。（　　）

5. 直埋电缆不得敷设在任何建筑物下，以免维修困难。（　　）

6. 全色谱电缆芯线顺序是由外层起向内层顺序编号的。（　　）

7. 我国全塑电缆芯线的接续方法主要采用扣式接线子和套管式接线子接续法。（　　）

8. 光纤通信系统是以微波为载波，以光纤为传输介质的一种线通信方式。（　　）

9. 光纤通信系统基本上由光发射机、光纤、光接收机组成。（　　）

10. 光纤通信的第一低损耗窗口在短波长为 0.85 μm 附近。（　　）

二、单项选择题（选择一个正确的答案，将相应的字母填入题内的括号中）

1. 按照（　　）等不同，光纤可分很多种类。
A. 传输模式、工作波长、材料成分、制造方法
B. 折射率分布、材料成分、制造方法
C. 折射率分布、传输模式、工作波长、材料成分、制造方法
D. 折射率分布、传输模式

2. 光纤通信的主要优点在于传输（　　）极宽，通信容量大。
A. 频带　　　　B. 速度　　　　C. 距离　　　　D. 质量

3. 光纤通信的光波波长在（　　）μm 之间。
A. 0.8～1.8　　B. 1.8～2.8　　C. 2.8～3.8　　D. 3.8～4.8

4. 电缆中常见的不良线对有以下几种：断线、（　　）、地气、反接、差接、交接等。
A. 混线　　　　B. 交叉　　　　C. 接地　　　　D. 跳对

5. 全色谱电缆芯线顺序是由中心层起向（　　）层顺序编号的。
   A. 内　　　　　B. 外　　　　　C. 中心　　　　　D. 护套

6. 电缆芯线对号的目的，主要是核对和辨认一段全塑电缆的芯线序号，防止因电缆出厂质量不良造成（　　）的一种手段。
   A. 地气　　　　B. 断线　　　　C. 损坏　　　　　D. 错接

本章测试题答案

一、判断题
1. √　　2. √　　3. ×　　4. ×　　5. √　　6. ×　　7. ×　　8. ×
9. √　　10. √

二、单项选择题
1. C　　2. A　　3. A　　4. A　　5. B　　6. D

技能操作复习题

一、在 MDF 机架上成端全塑市话电缆

试题单

（1）操作条件

1）MDF 市话电缆配线架。

2）50 对全塑市话电缆。

3）卡接刀、斜口钳。

（2）操作内容

1）色谱确认。

2）在 MDF 架上布放电缆。

3）在 MDF 机架上卡接电缆芯线。

（3）操作要求

1）熟记电缆色谱。

2）线对穿环布放规范。

3）在 MDF 机架上卡接电缆芯线标准规范。

4）正确执行安全作业规范。

二、安装一部固定电话机

试题单

（1）操作条件

1）MDF和分线盒。

2）MDF和分线盒台账。

3）预设号码在MDF上。

4）电话机、测试话机。

5）斜口钳、卡接刀、电缆跳线。

（2）操作内容

1）根据台账上提供号码，在MDF上跳线。

2）根据台账上提供号码，在分线箱上跳线。

（3）操作要求

1）正确查看MDF和分线盒台账并找到电话机的位置。

2）测试话机操作规范。

3）按规范将芯线卡接在模块端子排上。

三、全塑市话电缆色谱及端别确认

试题单

（1）操作条件

1）25对全塑市话电缆。

2）电工刀、斜口钳、卷尺。

3）跳线、棉毛布。

（2）操作内容

1）开剥电缆。

2）色谱确认。

3）传输端别确认。

（3）操作要求

1）电缆开剥标准规范。

2）色谱确认正确。

3）A、B端正确确认。

4）正确执行安全作业规范。

第 6 章

传输单元车站设备

学习目标

- ☑ 了解数字信号传输的基本概念
- ☑ 了解基带传输的一些基本概念
- ☑ 了解光源器件的一些基本概念
- ☑ 掌握光纤连接器和光端机的性能

6.1 传输基础知识

知识要求

6.1.1 数字信号传输

数字信号传输方式有基带传输和频带传输。

1. 基带传输

基带传输就是编码处理后的数字信号（即基带数字信号）直接在信道中传输，基带传输的信道是电缆信道。

2. 频带传输

频带传输是将基带信号的频带搬到适合于光纤、无线信道传输的频带上再进行传输。显然频带传输的信道是光纤或微波、卫星等信道。

3. 数字信号波形

数字信号波形的种类很多，其中较典型的是二进制矩形脉冲信号，可以构成多种形式的信号序列，如图6—1所示。

6.1.2 基带传输

1. 构成

数字基带传输的基本结构如图6—2所示。

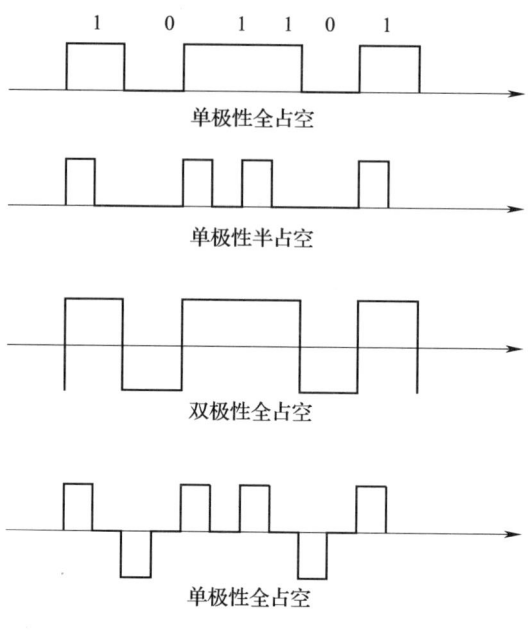

图 6—1　多种信号序列

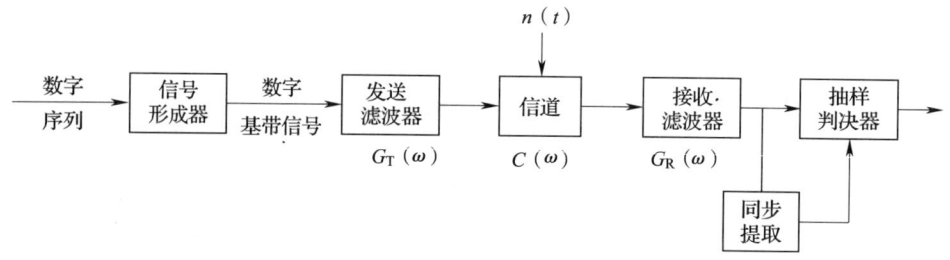

图 6—2　数字基带传输基本结构

信号形成器将数字序列映射成适合信道传输的数字基带信号；发送滤波器的目的是与信道特性匹配，输出适合信道传输的波形，以减小码间串扰；接收滤波器用于滤除信道带外噪声；抽样判决器在位同步信号控制下，对接收滤波器的输出信号进行判决，恢复数字基带信号。

2．线路码型

（1）单极性不归零码（即 NRZ 码）。编码器直接编成这种最原始的码型输出，如图 6—3 所示。单极性不归零码占空比为 100%，码流中包含直流分量，提取时钟困难，码间干扰大，无误码检测能力，不能用于线路上。单极性 NRZ 码不适合在电缆信道中传输。NRZ 码一般用于复用设备内部的编解码。

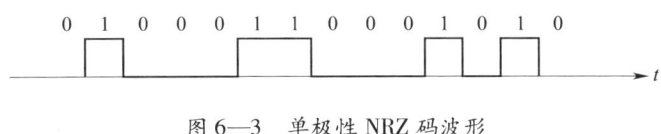

图 6—3　单极性 NRZ 码波形

（2）单极性归零码（即 RZ 码）。单极性归零码的特点是码型为单极性，信号占空比为 50%，码流中包含直流分量。缺点与 NRZ 码基本相同。RZ 码一般用于数据传输。单极性 RZ 码的波形如图 6—4 所示。

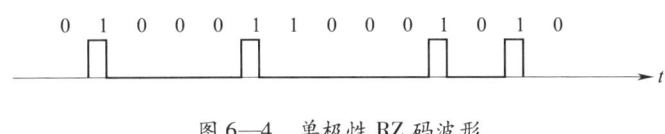

图 6—4　单极性 RZ 码波形

（3）传号交替反转码（AMI 码）。传号交替反转码的波形如图 6—5 所示。由于传号码（称 1 码为传号码，0 码为空号码）的极性是交替反转的，所以称为传号交替反转码，简称 AMI 码（这是一种伪三进制码）。

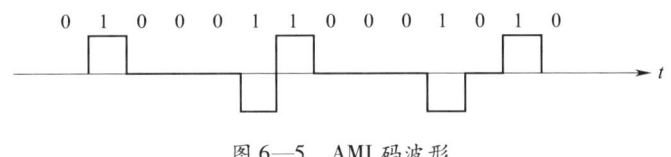

图 6—5　AMI 码波形

AMI 码与二进制码序列（指编码器输出的单极性二进制码序列）的关系是：二进制码序列中的 0 码仍编为 0 码，而二进制码序列中的 1 码则交替地变为 +1 及 -1 码。

（4）三阶高密度双极性码（HDB3 码）。HDB3 码编码规则是：二进制码序列中的 0 码在 HDB3 码中原则上仍编为 0 码，但当出现 4 个连续 0 码时，用取代节 000 V 或 B00 V 代替。取代节中 V 码、B 码均代表 1 码，可正可负（即 V_+ 代表 +1，V_- 代表 -1，B_+ 代表 +1，B_- 代表 -1）。

取代节的安排顺序是：先用 000 V，当 000 V 不能用时，再用 B00 V。

000 V 取代节的安排要满足以下两个要求：

1）各取代节之间的 V 码要极性交替出现（为了保证传号码极性交替出现，不引入直流成分）。

2）V 码要与前一个传号码的极性相同（为了在接收端能识别出哪个是原二进码序列中的 1 码——原始传号码，哪个是 V 码和 B 码，以恢复成原二进码序列）。

当上述两个要求能同时满足时，用 000 V（000 V_+ 或 000 V_-）代替原二进制码序列中的 4 个 0；而当上述两个要求不能同时满足时，则改用 B00 V（B_+ 00 V_+ 或 B_- 00 V_-）代替，实质上是将取代节 000 V 中第一个 0 码改成 B 码。

HDB3 码序列中的传号码包括 1 码、V 码和 B 码，除 V 码外，1 码和 B 码要满足极性交替出现的原则。HDB3 码波形图如图 6—6 所示。

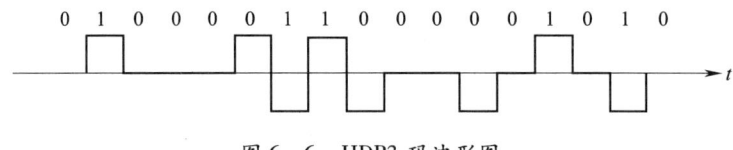

图 6—6 HDB3 码波形图

码型反变换的原则是：接收端当遇到连着 3 个 0 前后 1 码极性相同时，后边的 1 码（实际是 V 码）还原成 0；当遇到连着 2 个 0 前后 1 码极性相同时，前后 2 个 1（前边的 1 是 B 码，后边的 1 是 V 码）均还原成 0。另外，其他的 ±1 一律还原为 +1，其他的 0 不变。

（5）传号反转码（CMI 码）。CMI 码变换规则见表 6—1。

表 6—1 CMI 码变换规则

输入二码元	CMI 码
0	01
1	00 与 11 交替出现

10 被禁止，不准出现。接收方码流中一旦出现 10 则判断为误码，借此监测误码。CMI 码波形图如图 6—7 所示。

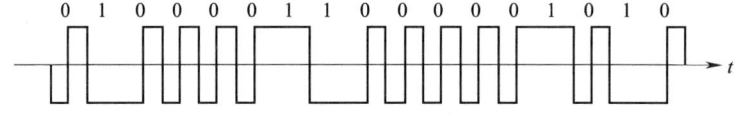

图 6—7 CMI 码波形图

3. 对传输码型的要求

适合于基带传输的传输码型应满足以下几个要求：

（1）传输码型的功率谱中应不含直流分量，同时低频分量要尽量少。

（2）传输码型的功率谱中高频分量应尽量少。

（3）便于定时时钟的提取。

（4）传输码型应具有一定的检测误码能力。

（5）对信源统计依赖性最小。

（6）要求码型变换设备简单、易于实现。

6.2 光器件

知识要求

6.2.1 光源器件

1. 光源器件的作用

在光发送电路中用的光源是由半导体发光器件发出的，根据半导体理论，在构成半导体晶体的原子内部，各个电子都占有一定的能级。从能级分布来看，高能级组成的能带为导带，低能级组成的能带为价带。如果让占据高能级的电子跃迁到较低的能级上与空穴复合，就会以光子的形式释放出等于能级差的能量。这就是半导体发光器件的基本工作原理。

2. 光源器件的种类

目前使用的半导体发光器件有两种：激光器（LD）与发光二极管（LED）。

（1）激光器特性。激光器由 P 型材料和 N 型材料构成，但利用另一种方式发光称为受激辐射，即导带内的电子受能量等于能级差的光所激发，发出与之同频率、同相位的光。这种半导体器件在 PN 结的两端加工形成两个平行光洁的反射镜面，形成一个谐振腔。当在 PN 结上加上正向电压时，PN 结内先发出自发光，同时反射镜面把一部分反射光反馈到 PN 结上，激发电子从导带跃迁到价带而产生新的光子，部分新产生的光子也同样在谐振腔内来回反射，这样不断重复受激发射过程，只要外加的电流足够大，光子的来回发射将激发更多的光子，形成正反馈面，产生激光。

（2）发光二极管特性。发光二极管由 P 型材料和 N 型材料构成，两种材料的交界区形成 PN 结，如果在 PN 结上加上正向电压，则 N 型区的电子及 P 型区的空穴源源不断地流向 PN 结区，在那里空穴与电子复合，复合时电子从高能级的导带跃迁至低能级的价带而释放出与能量级差相等能量的光子。

6.2.2 光电检测器

1. 光电检测器的作用

光电检测器是一种半导体器件,当能量大于能级差的光照射到占据低能级的电子上,电子吸收该能量后就被激励而跃迁到较高能级上,在 PN 结上外加电场后,就可在外电路上取出处于高能级上的电子,产生光电流。入射到 PN 结上的光越强,光产生的电流就越大。如果将被调制的光信号照射到这个连接了外电路的 PN 结上,就会将被调制的光信号还原成带有原信息的电信号。

2. 光电检测器的基本要求

(1) 灵敏度高。表示光电检测器把光功率转变为电流的效率高。在实际的光接收机中,光纤传来的信号极微弱,有时只有 1 nW 左右。为了得到较大的信号电流,人们希望光电检测器灵敏度尽可能的高。

(2) 响应速度快。指入射光信号后,立即就有电信号输出;光信号一停,电信号也停止输出,没有延迟。这样才能重现入射信号。实际上电信号完全不延迟是不可能的,但是应该限制在一定范围之内。随着光纤通信系统传输速率的不断提高,超高速的传输对光电检测器响应速度的要求也越来越高,对其制造技术提出了更高的要求。

(3) 噪声小。为了提高光纤传输系统的性能,要求系统的各个组成部分的噪声足够小,尤其对光电检测器要求特别严格,因为光电检测器是在极其微弱的信号条件下工作,又处于光接收机的最前端,如果在光电变换过程中引入的噪声过大,则会使信号噪声比降低,影响原来信号的重现。

(4) 稳定可靠。要求光电检测器的主要性能尽可能不受或者少受外界温度变化和环境变化的影响,以提高系统的稳定性和可靠性。

3. 光电检测器的种类

半导体光电检测器有 PIN 光电二极管和雪崩光电二极管(APD)两大类。

(1) PIN 光电二极管。在半导体 PN 结的 P 层和 N 层中间加上高阻抗层,即称为 PIN 光电二极管,加高阻抗层的目的是使光电检测器的光电转换效率高,响应速度快。但由于 PIN 器件本身不增益,使接收灵敏度受到限制,所以只能在短距离通信系统中使用,不能用于长距离通信系统。

(2) 雪崩光电二极管(APD)。为了克服 PIN 光电二极管的缺点,在 PN 结的 P 层和 N 层进行重掺杂,当外加很强的反向电场时,被光激励的电子以极快的速度通过 PN 结,在途中碰撞半导体结晶,产生新的电子空穴,并形成连锁反应,使结区内电流急剧倍增放大，产生"雪崩"现象。这种光电二级光由于有内部电信号的放大作用，因此接收灵敏度高，广泛应用于中、长距离光纤通信系统中。

6.2.3 光无源器件

1. 光无源器件的基本要求

光无源器件是光纤通信设备的重要组成部分，也是其他光纤应用领域不可缺少的元器件，具有高回波损耗、低插入损耗、高可靠性、稳定性、机械耐磨性和抗腐蚀性、易于操作等特点，广泛应用于长距离通信、区域网络及光纤到户、视频传输、光纤感测等领域。

2. 光无源器件的种类

（1）光纤连接器。光纤连接器，是光纤与光纤之间进行可拆卸（活动）连接的器件。光纤连接器把光纤的两个端面精密对接起来，以使发射光纤输出的光能量能最大限度地耦合到接收光纤中去，并使由于其介入光纤连接线路而对系统造成的影响减到最小，这是光纤连接器的基本要求。在一定程度上，光纤连接器影响了光传输系统的可靠性和各项性能。

（2）光衰减器。光衰减器要求重量轻、体积小、精度高、稳定性好、使用方便等。光衰减器可以分为固定式、分级可变式、连续可调式几种。

（3）光分路器和光耦合器。光分路器又称分光器，是光纤连接线路中重要的无源器件之一，是具有多个输入端和多个输出端的光纤汇接器件。光分路器按分光原理可以分为熔融拉锥型和平面波导（PLC）型两种。

光耦合器（Optical Coupler，OC）也称光电隔离器，简称光耦。光耦合器以光为媒介传输电信号。因为光耦合器对输入、输出电信号有良好的隔离作用，所以在各种电路中得到广泛的应用，目前已成为种类最多、用途最广的光电器件之一。光耦合器一般由三部分组成：光的发射部件、光的接收部件及信号放大部件。光耦合器的工作过程为：输入的电信号驱动发光二极管（LED），使之发出一定波长的光，被光探测器接收而产生光电流，再经过进一步放大后输出。

6.2.4 光端机

1. 光发送机

（1）基本组成。光发送机的基本组成包括均衡放大电路、码型变换电路、复用电路、扰码电路、时钟提取电路、光源调制电路、光源器件、光源控制电路［光源温度控制电路（ATC）和功率控制电路（APC）]及其他保护和监测电路等。各组成部分功能介绍如下。

均衡放大电路：补偿由电缆传输所产生的衰减和畸变。

码型变换电路：将 HDB3 码或 CMI 码变换为 NRZ 码。

复用电路：用一个大传输信道同时传送多个低速信号的过程。

扰码电路：使信号达到 0、1 等概率出现，利于时钟提取。

时钟提取电路：提取 PCM 中的时钟信号，供给其他电路使用。

光源调制（驱动）电路：完成电信号/光信号转换任务。

光源器件：产生作为光载波的光信号。

光源温度控制和功率控制电路：稳定工作温度和输出的平均光功率。

其他保护和监测电路：如光源过流保护电路、无光告警电路、LD 偏流（寿命）告警等。

（2）基本功能。光发送机是把从电端机送来的电信号转变成光信号，并送入光纤线路进行传输。

（3）基本要求。有较好的消光比。消光比为全 1 码平均发送光功率与全 0 码平均发送光功率之比。

调制特性要好。调制特性好是指光源的 P–I 曲线在使用范围内线性特性好，否则在调制后将产生非线性失真。

有合适的输出光功率。光发送机的输出光功率，是指耦合进光纤的功率，也称为入纤功率。光源应有合适的输出光功率，一般为 0.01~5 mW。

除此之外，还要求电路尽量简单、成本低、稳定性好、光源寿命长等。

2．光接收机

（1）基本组成。光接收机由光电检测器、放大器、均衡器、再生电路、自动增益控制电路等组成。

1）光电检测器。光电检测器是把光信号变换为电信号的关键器件，对其要求如下：

①在系统的工作波长上要有足够高的响应度，即对一定的入射光功率，光电检测器能输出尽可能大的光电流。

②波长响应要和光纤的 3 个低损耗窗口兼容。

③有足够高的响应速度和足够的工作带宽。

④产生的附加噪声要尽可能低，能够接收极微弱的光信号。

⑤光电转换线性好、保真度高。

⑥工作性能稳定、可靠性高、寿命长。

⑦功耗和体积小、使用简便。

2）放大器。光接收机的放大器包括前置放大器和主放大器两部分。

对前置放大器的要求：具有较低的噪声、较宽的带宽和较高的增益。

前置放大器的类型目前有 3 种：低阻抗前置放大器、高阻抗前置放大器和跨阻抗前置放大器（或跨导前置放大器）。

主放大器一般是多级放大器，其功能主要是提供足够高的增益，把来自前置放大器的输出信号放大到判决电路所需的信号电平，并通过它实现自动增益控制（AGC），以使输入光信号在一定范围内变化时，输出电信号应保持恒定输出。

主放大器和 AGC 决定光接收机的动态范围。

3）均衡器。均衡器的作用是对已畸变（失真）和有码间干扰的电信号进行均衡补偿，减小误码率。

4）再生电路。再生电路的任务是把放大器输出的升余弦波形恢复成数字信号，由判决器和时钟恢复电路组成。

5）自动增益控制（AGC）电路。AGC 就是用反馈环路来控制主放大器的增益。作用是增加了光接收机的动态范围，使光接收机的输出保持恒定。

（2）主要指标。光接收机的灵敏度是指在系统满足给定误码率指标的条件下，光接收机所需的最小平均接收光功率 $P_{\min}$（mW）。工程中常用毫瓦分贝（dBm）来表示。

光接收机的动态范围是指在保证系统误码率指标的条件下，接收机的最低输入光功率（dBm）和最大允许输入光功率（dBm）之差（dB）。

3．光中继器

（1）主要功能。光信号在传输过程会出现两个问题：光纤的损耗特性使光信号的幅度衰减，限制了光信号的传输距离；光纤的色散特性使光信号波形失真，造成码间干扰，使误码率增加。以上两点不但限制了光信号的传输距离，也限制了光纤的传输容量。为增加光纤的传输距离和传输容量，必须设置光中继器。

光中继器的功能是补偿光能量损耗，恢复信号脉冲形状；补偿衰减的光信号；对畸变失真的信号波形进行整形。

（2）种类。光中继器主要有两种：一种是传统的光中继器（即光电中继器）；另一种是全光中继器。

（3）构成形式。传统的光中继器采用光 – 电 – 光（O – E – O）转换形式。其构成框图如图 6—8 所示。

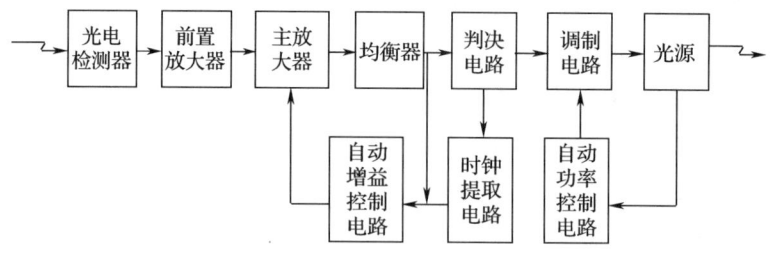

图6—8 传统的光中继器构成框图

4. 光线路编码

(1) 分组码。分组码常用 $mBnB$ 表示,是把输入码流每 m 比特分成一组,然后把每组编成 n 比特输出。每组的 m 个二进制码,记为 mB,变换为 n 个二进制码,记为 nB,因此称为 $mBnB$ 码,其中 m 和 n 都是正整数,通常 $n>m$,一般选取 $n=m+1$。常用的 $mBnB$ 码有1B2B、3B4B、5B6B、8B9B 和 17B18B 等。

(2) 插入码。插入码是把输入二进制原始码流每 m 比特(mB)分成一组,然后在每组 mB 码末尾按一定的规律插入一个码,组成 $m+1$ 个码为一组新的线路码流。根据插入码用途的不同,可以分为 $mB1C$ 码、$mB1H$ 码和 $mB1P$ 码等。

(3) 1B2B 码。1B2B 码包括 CMI 码、双相码、DMI 码。

1) CMI 码。CMI 码又称传号反转码,是一种1B2B 码。其变换规则是原码的0 码用01 码代替,原码的1 码用00 或11 交替代替。

2) 双相码。双相码又称分相码,也是一种1B2B 码。其变换规则是原码的0 码用01 码代替,原码的1 码用10 代替。

3) DMI 码。DMI 码又称不同模式反转码,是一种1B2B 码。其变换规则是原码的1 码用00 或11 交替代替。原码的0 码,若前两个码为01、11 时用01 代替,前两个码为10、00 时用10 代替。

(4) 扰码。SDH 光纤通信系统中广泛使用的是加干扰的 NRZ 码,是利用一定规则对信号码流进行扰码,经过扰码后使线路码流中的0 和1 出现的概率相同,因此码流中不会出现长连"0"或长连"1"的情况,从而有利于接收端提取时钟信号。

5. 数字信号复接

(1) 基本概念。数字信号复接过程中,根据各支路数码在高次群中的排列方式可把复接分为按位复接、按路复接和按帧复接三种。

按位复接又称比特复接,每次只依次复接每个支路的一位码元。复接后的码序列中第一位表示第一支路的第一位码,第二位表示第二支路的第一位码,以后各支路依次类推。各个支路第一位码都取过之后，再循环取以后的第 2 位、第 3 位等。按位复接设备简单，要求存储容量小，但不利于信号的交换处理，且要求各支路的码速和相位必须相同。

对 PCM 基群而言，一路信号在一帧中的一个时隙里有 8 位码，复接时先将这 8 位码寄存起来，再在规定时隙内将 8 位码一次复接完，即各个支路轮流按顺序一次复接 8 位码。这种方式就是按路复接，有利于多路合成处理和交换，但要求存储容量较大，电路相对复杂。

按帧复接每次复接一个支路的一帧数码（如 PCM30/32 路基群，一帧含有 256 bit）。这种复接不破坏原来各支路的帧结构，有利于交换，但要求存储容量在 3 种方式中最大。

（2）同步/异步/准同步复接。依照复接时各低次群的时钟情况，可把复接方式分为同步复接、异步复接与准同步复接三种。

同步复接是指被复接各支路的时钟都由同一个总时钟供给，各支路的时钟频率完全相等。

异步复接是指将时钟不是同出一源且没有统一的标称频率或相应的数量关系的各输入支路信号进行复接的复接方式。

准同步复接是指参与复接的各低次群使用各自的时钟，但各时钟频率相差在一定的容差范围内的复接方式。这种方式在复接前必须将各支路的码速都调整到统一的规定值后才能进行复接，是目前应用最广泛的复接方式。

（3）准同步数字体系（PDH）。20 世纪 80 年代，准同步数字体系（PDH）光纤通信系统获得了大规模的应用。PDH 没有世界性标准式，只有地区性的数字信号速率和帧结构。

北美制式的速率标准是 1.5 Mb/s，6.3 M/s，45 Mb/s；日本制式的速率标准是 1.5 Mb/s，6.3 Mb/s，32 Mb/s，100 Mb/s，400 Mb/s；欧洲制式的速率标准是 2 Mb/s，8 Mb/s，140 Mb/s。我国采用的是欧洲制式，即以 30 路制式作为多路复用系统的基础群。多路通信中信道复用方法有：频分多路复用（FDM）和时分多路复用（TDM）。频分多路通信的标记是频率，时分多路通信的标记是时间。

随着通信网的发展和用户要求的提高，准同步数字体系（PDH）暴露出一些固有的弱点而不适合大容量传输。一种有机地结合了高速大容量光纤数字传输技术和智能网元技术的新体制——同步数字体系（SDH）应运而生。SDH 具有世界性标准制式，有同步复用、标准光接口和强大的网管能力等特点。所以光纤通信分类方法中，按同

步方式分为 PDH 方式和 SDH 方式。

（4）码速调整。码速调整有正码速调整、正/负码速调整和正/零/负码速调整三种。

正码速调整是指当复接设备分配给各支路的同步时钟频率 f_m 高于各支路时钟频率 f_i 时，将被复接的支路码速率都调高，使其同步到某一规定码速上的过程，是目前应用最为广泛的码速调整方式。

正/负码速调整方式以同步复接时钟的标称频率 f_m 为基准，对低于该频率的支路信码插入适当数量的脉冲；对高于该数码率的支路信码则抽出一定数量的信码从额外通道传送，在接收端再将这些抽出的信码补上；对数码率恰好等于标称值 f_m 的支路信码，则不经过调整就可保持正常的同步复接。

正/零/负码速调整是真正的三种调整情况，即正调整、不调整和负调整，其中不调整是按标称值正常传输。

技能要求

SDH 中 2M 通道配置数据查询

操作准备

实训设备及工具的准备见表 6—2。

表 6—2　　　　　　　　　实训所需的设备及工具

序号	名称	规格	单位	数量
1	1353 网管终端		套	1
2	SDH 传输系统		套	1

操作要求

1. 正确进入网管操作系统。
2. 正确使用网管菜单命令。
3. 在网管上正确找到相关 2M 通道的位置。
4. 正确进入相关通道层面。
5. 正确使用菜单命令查看通道配置数据并读取时隙位置。

操作步骤

步骤 1：输入正确的用户名及密码，进入网管操作系统。

(1) 双击桌面上的 Go – Global 图标。

(2) 在图 6—9 中输入服务器地址（Server Address），单击 Connect（连接）按钮。

图 6—9　进入网管操作系统

(3) 在图 6—10 中输入用户名和密码接入服务器。

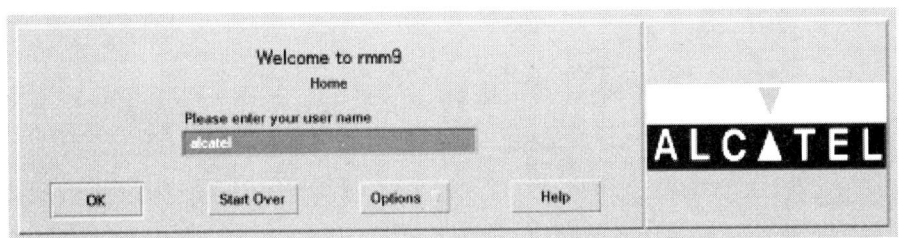

图 6—10　输入用户名和密码接入服务器

输入 user name，单击 OK 按钮或按 Enter 键。

输入 password，单击 OK 按钮或按 Enter 键。

(4) 双击 Normal Desktop 图标启动 Normal Desktop，如图 6—11 所示。

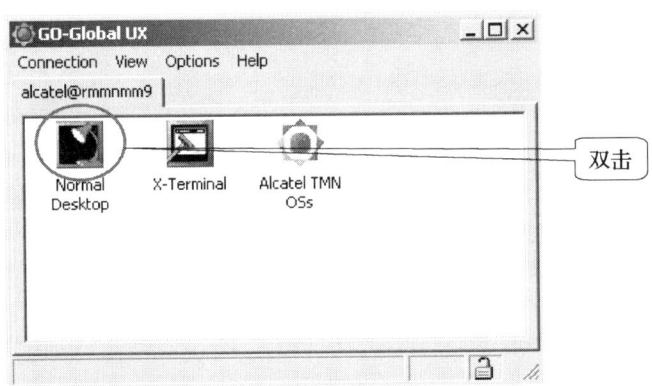

图 6—11　启动 Normal Desktop

(5) 双击 TMN OS 管理器图标启动安装在服务器上的网管，如图 6—12 所示。

(6) 显示安装在服务器上的网管。在图 6—13 中选中 Topology 图标，双击，进入网元拓扑界面。

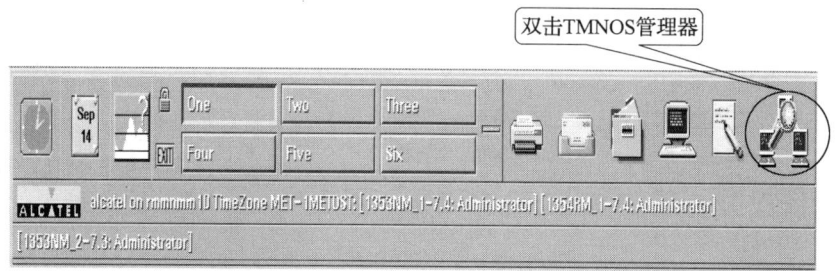

图6—12　启动安装在服务器上的网管

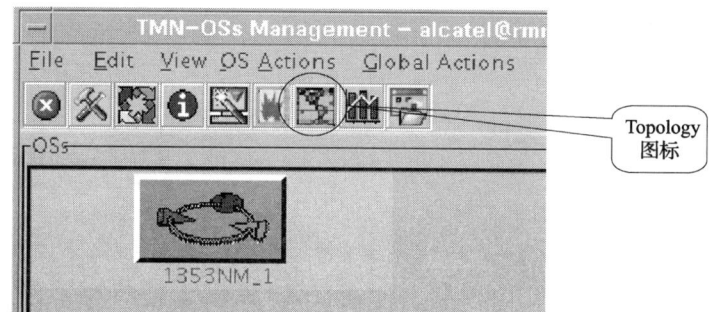

图6—13　选中Topology图标双击进入网元拓扑界面

步骤2：在网元拓扑界面（见图6—14）中，选择一个网元右击，在弹出的快捷菜单中选择Show Equipment命令。

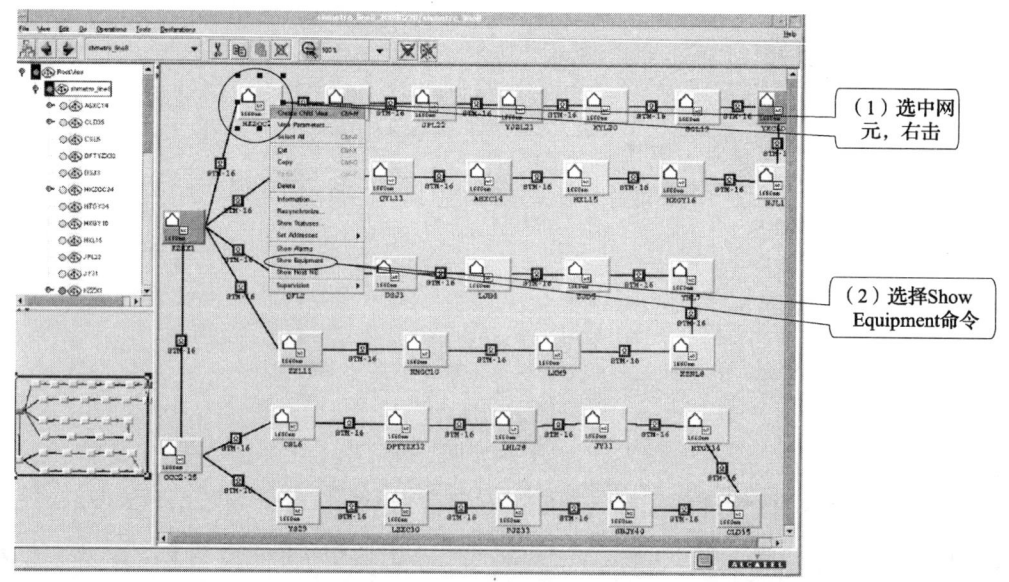

图6—14　网元拓扑界面

步骤3：在图6—15网元设备显示界面中选中该网元中的2M接口板，双击后选中某个2M接口，继续双击，进入如图6—16所示的PDH Port View（端口显示）界面，右击，在弹出的快捷菜单中选择Navigate to Transmission View命令。

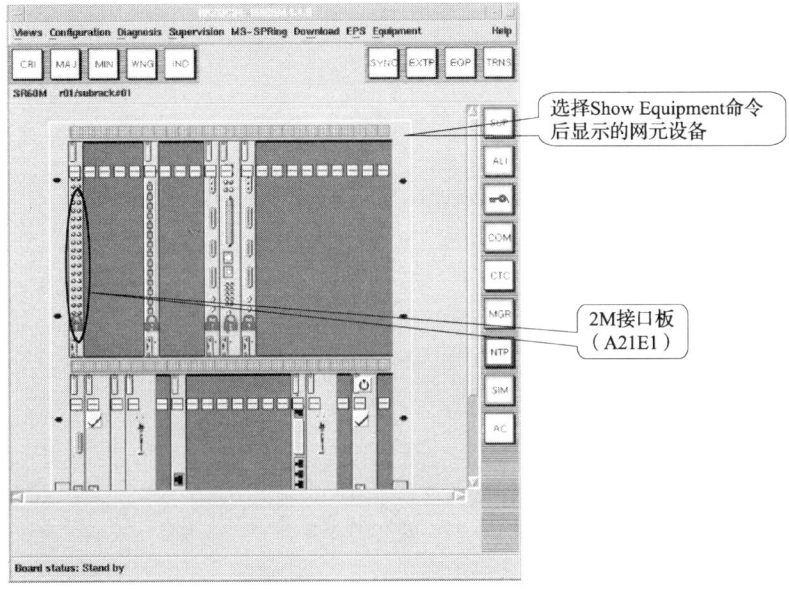

图6—15　网元设备显示界面

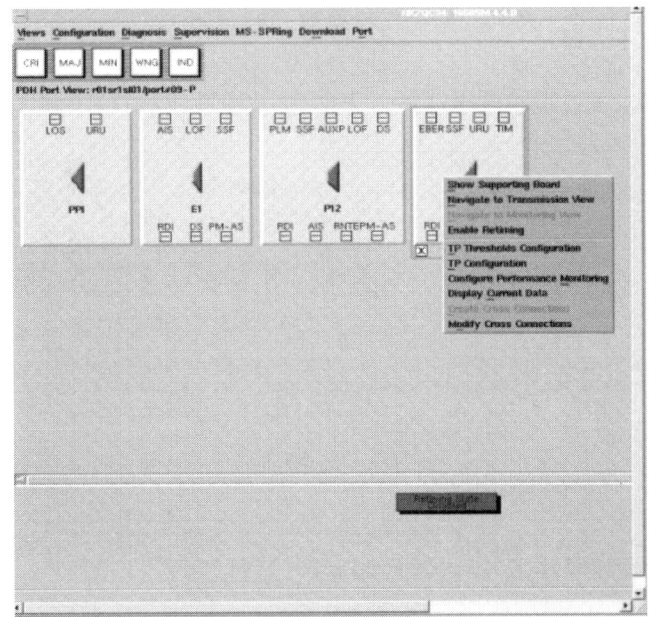

图6—16　PDH Port View 界面

步骤4：在图6—17通道显示界面中双击MonCTP后，能查看该2M接口具体使用的时隙位置，显示结果如图6—18所示。

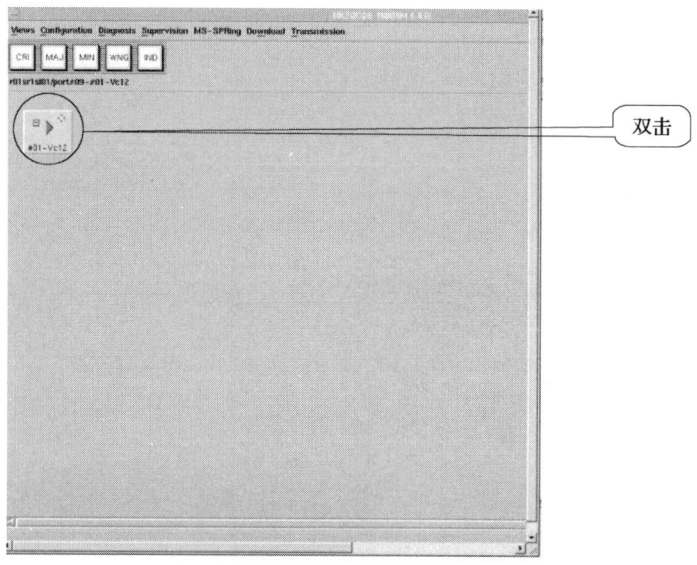

图6—17 通道显示界面

说明：从图6—18中可知该2M接口时隙位于第几号槽位上的光板的第几个AU4上。

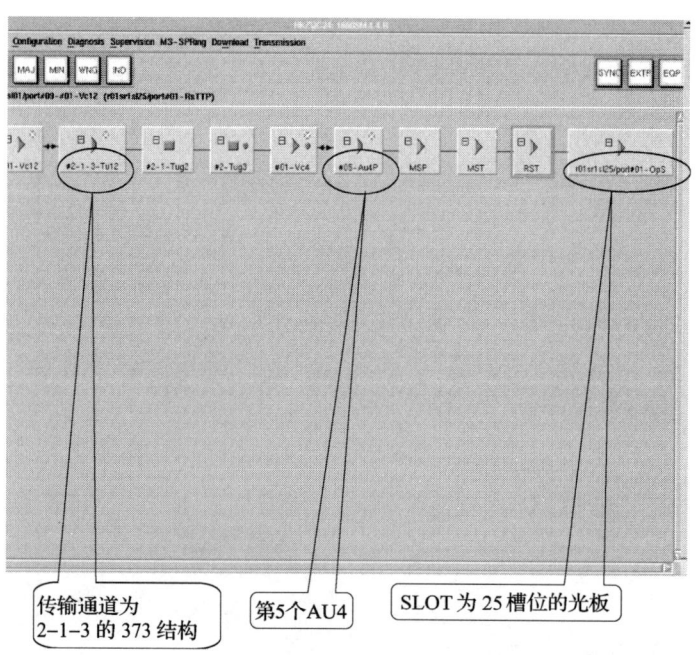

图6—18 显示结果

SDH 以太网端口数据查询

操作准备

实训设备及工具的准备见表6—2。

操作要求

1. 正确登录 SDH 网管。
2. 正确使用菜单命令。
3. 正确打开以太网板卡界面。
4. 正确查看端口信息、本地端口位置及对应的远端端口位置。
5. 正确查看端口根节点地址、本节点地址、VLAN 号及带宽等信息。

操作步骤

步骤1：输入正确的用户名及密码进入网管操作系统。

（1）双击桌面上的 Go – Global 图标。

（2）输入服务器地址，单击 Connect（连接）按钮。

（3）输入用户名和密码接入服务器，单击 OK 按钮。

（4）启动 Normal Desktop。

（5）启动安装在服务器上的网管。

（6）显示安装在服务器上的网管。选中 Topology 图标，双击，进入网元拓扑界面。

步骤2：在如图6—19所示的网元拓扑界面中选择一个网元，右击，从弹出的快捷菜单中选择 Show Equipment 命令。

步骤3：在图6—20网元设备显示界面中选中以太网处理板（即 ES – 16 板），选择 Equipment→ISA navigate 菜单命令，进入以太网管理界面。

步骤4：在如图6—21所示的以太网管理界面中选择本地端口右击，在弹出的快捷菜单中选择 Ethernet Port Properties 命令，进入如图6—22所示的端口属性界面，可以观察端口的 MAC 地址，以及端口是否开启等信息。

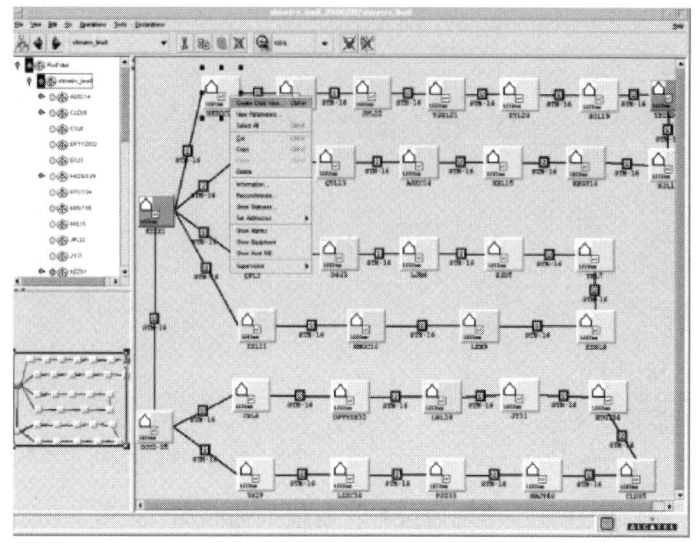

图 6—19　网元拓扑界面

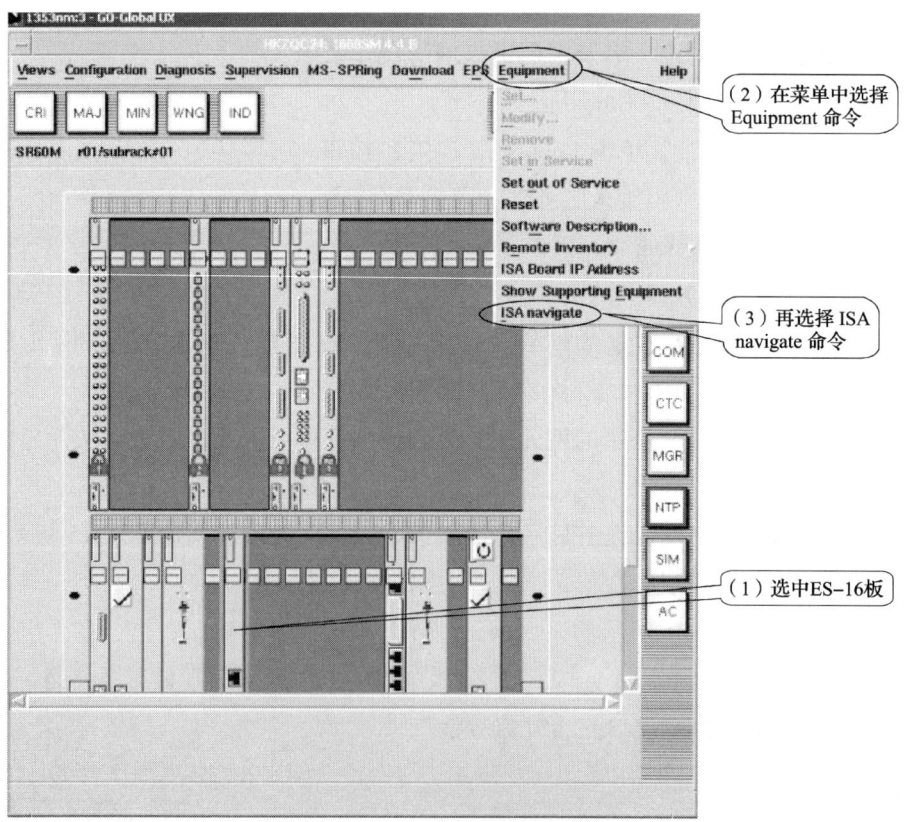

图 6—20　网元设备显示界面

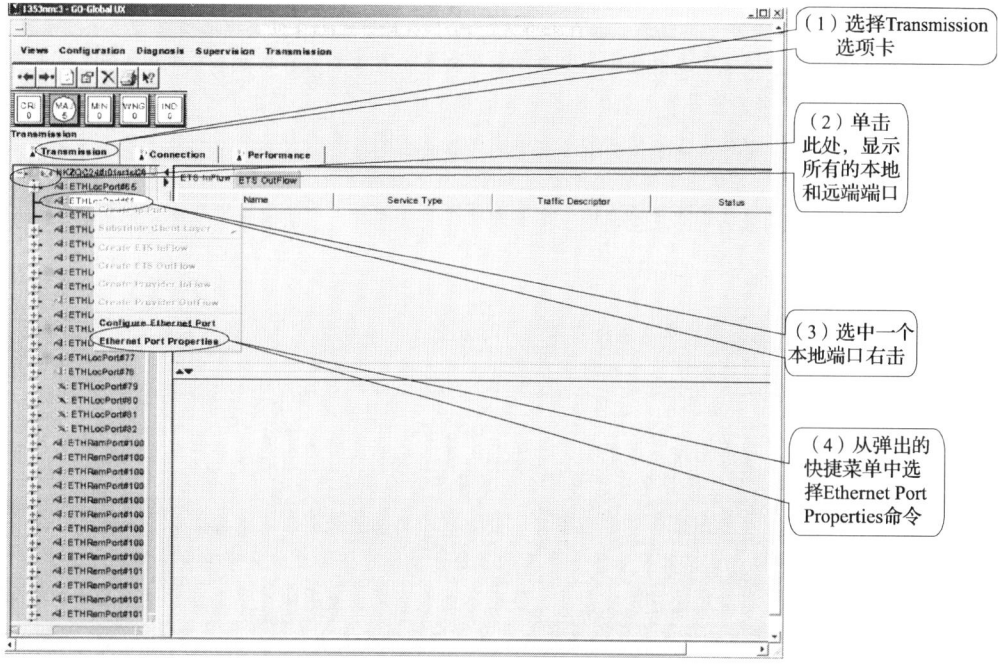

图6—21 以太网管理界面(一)

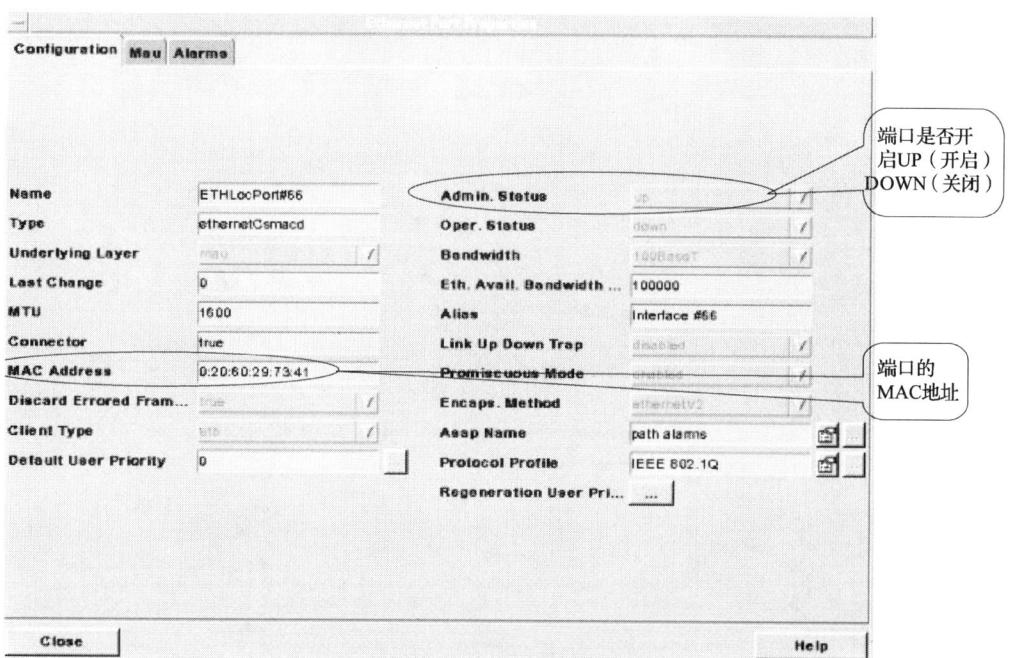

图6—22 端口属性界面

步骤5：在图6—23中，选中远端端口右击，在弹出的快捷菜单中选择Ethernet Port Properties命令，可以看到远端口的MAC地址、带宽，以及是否有虚级联等信息，如图6—24所示。

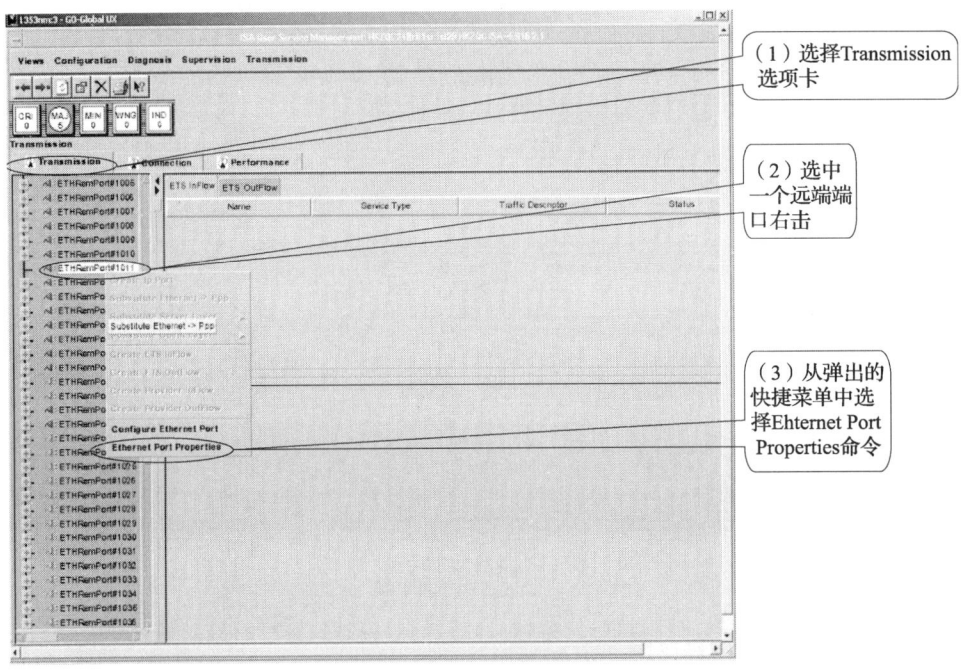

图6—23　以太网管理界面（二）

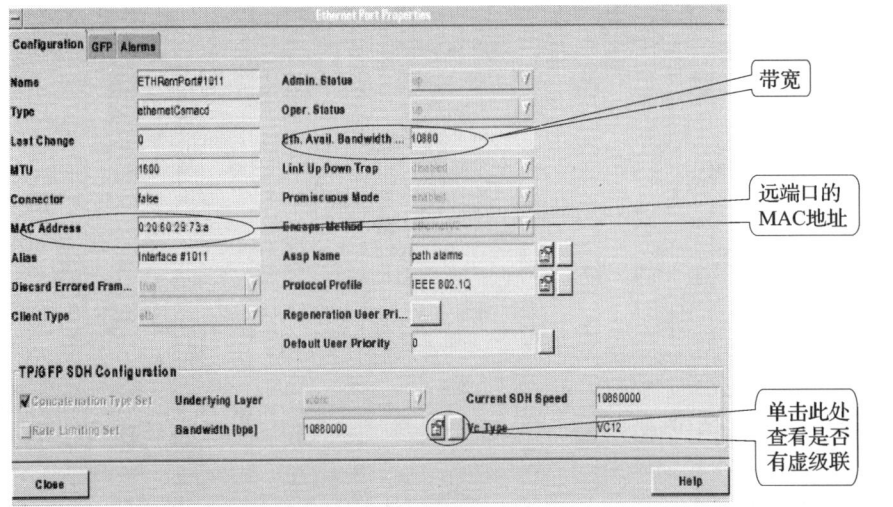

图6—24　查看远端口的信息

步骤6：在如图6—25所示的以太网管理界面中选中Bridge（网桥）下的本地端口及远端口后，右击，从弹出的快捷菜单中选择Show VLAN Info命令，可以查看该端口所在VLAN号（见图6—26）。也可以快捷菜单中选择Virtual Bridge Port Properties命

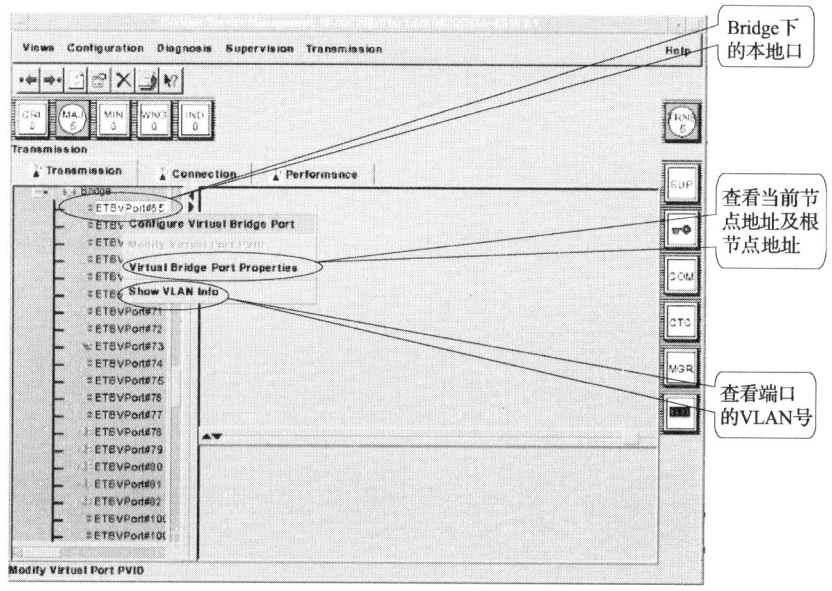

图6—25　以太网管理界面（三）

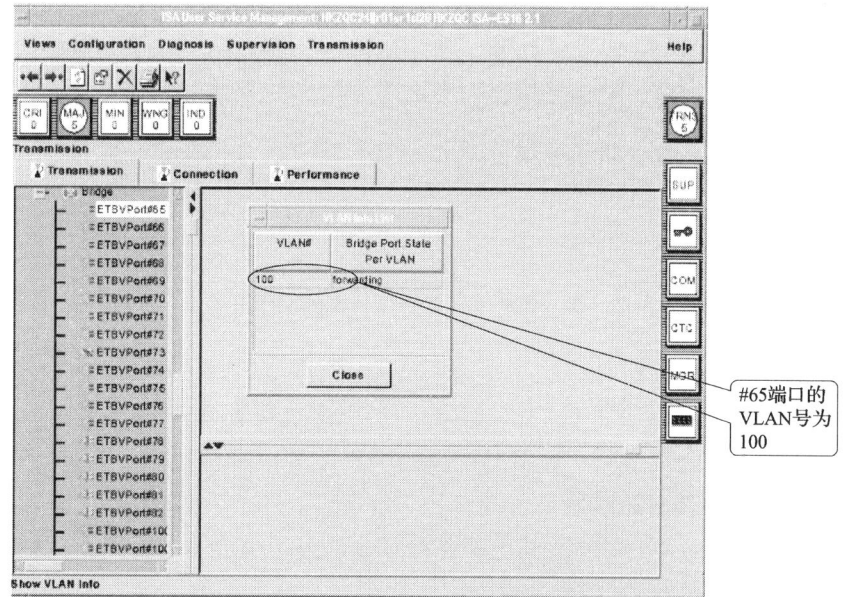

图6—26　查看该端口所在VLAN号

令，在弹出的如图6—27所示的对话框中，单击（X）STP Per Bridge Management栏右边按钮，可以查看当前节点地址及根节点地址，如图6—28所示。

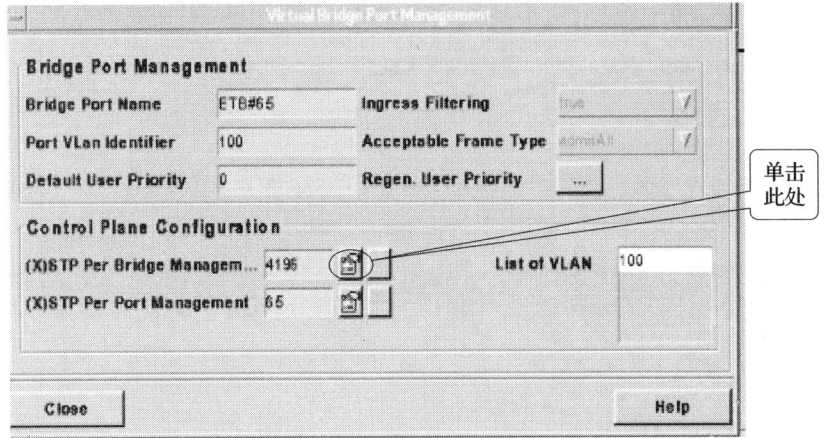

图6—27 选择Virtual Bridge Port Properties命令后弹出的对话框

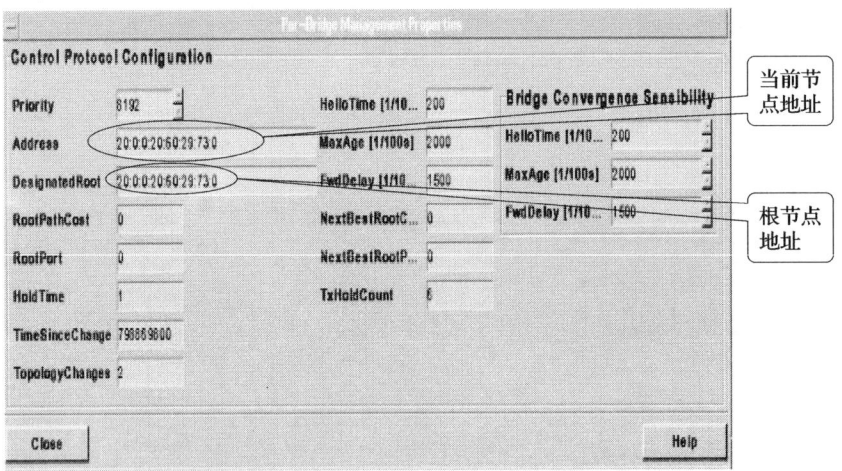

图6—28 查看当前节点地址及根节点地址

说明：

（1）网桥下的远端口所在的VLAN号和当前节点地址及根节点地址的查询与近端口的查询步骤相同。

（2）不同的只是选取的端口是远端口，非近端口。

步骤7：在如图6—29所示的以太网管理界面中选中Bridge，右击，从弹出的快捷菜单中选择Vlan Registration命令，在弹出的对话框中单击VID栏右边按钮（见图6—30），可以查看该以太网板上的所有VLAN信息，如图6—31所示。

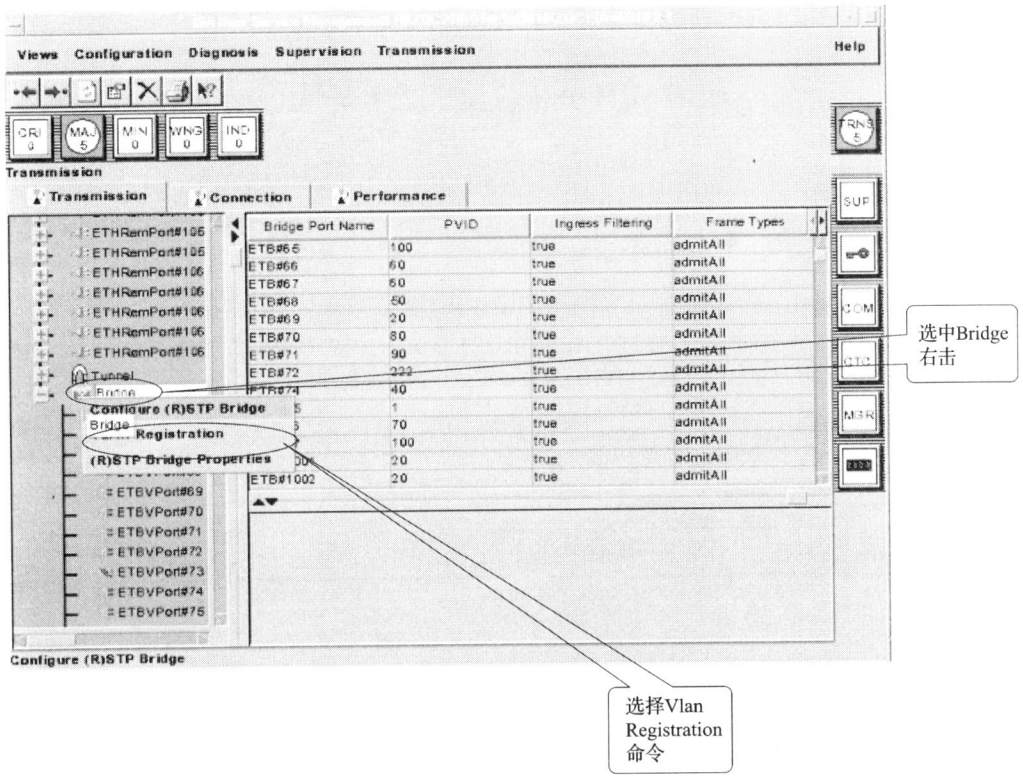

图 6—29 以太网管理界面（四）

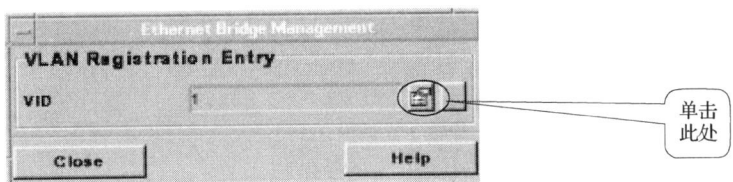

图 6—30 单击 VID 栏右边按钮

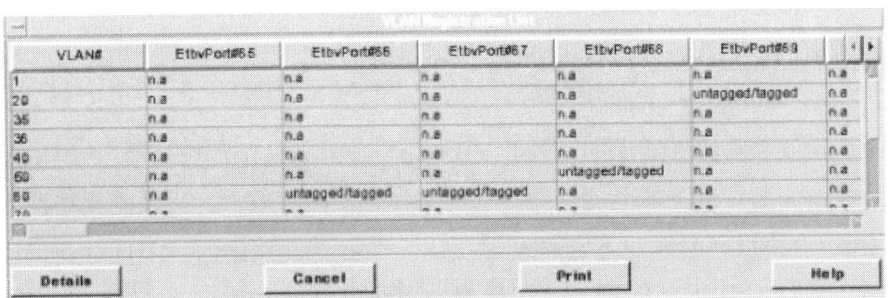

图 6—31 查看以太网板上的所有 VLAN 信息

使用 SDH 分析仪测试 2M 误码

操作准备

实训设备及工具的准备见表 6—3。

表 6—3　　　　　　　　实训所需的设备及工具

序号	名称	规格	单位	数量
1	1353 网管终端		套	1
2	SDH 分析仪或 2M 误码分析仪		套	1
3	测试电缆		对	1
4	SDH 传输系统		套	1

操作要求

（1）正确使用 SDH 分析仪或 2M 误码分析仪。

（2）正确使用菜单命令。

（3）正确设置相关参数。

（4）在 DDF 架上准确找到 2M 接线端子。

（5）正确连接测试分析仪与 2M 接线端子。

（6）正确测试、记录。

操作步骤

步骤 1：输入正确用户名及密码，进入网管操作系统。

（1）双击桌面上的 Go – Global 图标。

（2）输入服务器地址，单击 Connect（连接）按钮。

（3）输入用户名和密码接入服务器，单击 OK 按钮。

（4）启动 Normal Desktop。

（5）启动安装在服务器上的网管。

（6）显示安装在服务器上的网管。选中 Topology 图标双击，进入网元拓扑界面。

步骤 2：查询设备台账，选取西藏北路 OCC 至西藏北路站的一个点对点 2M 进行测试（西藏北路 OCC DDF 架的第 28 只 2M 对应西藏北路站的 DDF 架的第 9 只 2M），如图 6—32 所示。

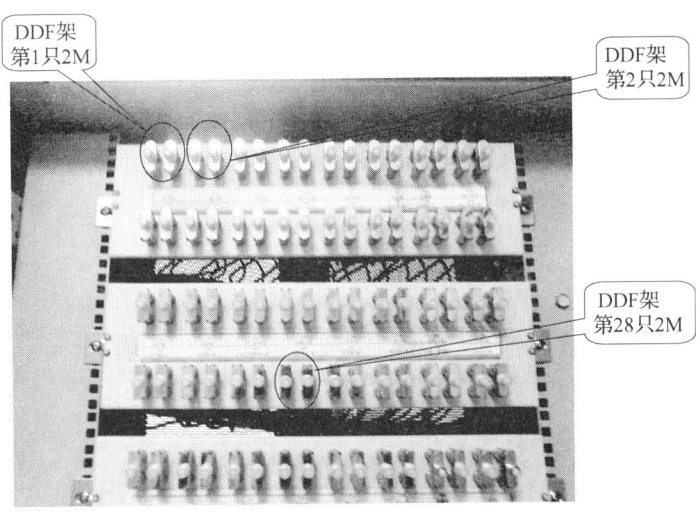

图 6—32 查询设备台账

注：A21E1 接口板 2M 与 DDF 架 2M 的对应关系有如下。

（1）DDF 架 2M 编号顺序从左往右、从上到下。

（2）通常，每一只 2M 上桩头接 SDH 侧的 A21E1 接口板，下桩头接 PCM 侧配线架。

（3）一般可以这么推算：第 2 块 A21E1 板第 7 只 2M（21＋7＝28）就是 DDF 架的第 28 只 2M。

步骤 3：对西藏北路站的 DDF 架的第 9 只 2M 进行 SDH 侧自环，如图 6—33 所示。

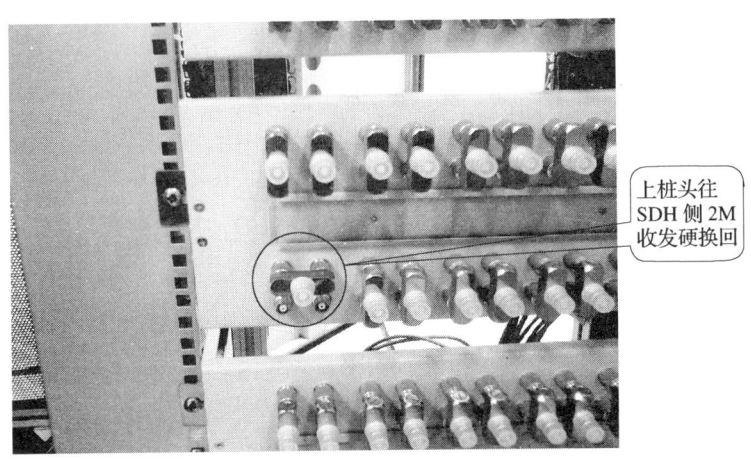

图 6—33 对西藏北路站的 DDF 架的第 9 只 2M 进行 SDH 侧自环

步骤4：通过网管确认西藏北路 OCC DDF 架的第 28 只 2M 与西藏北路站的 DDF 架的第 9 只 2M 对应关系。

（1）在网元拓扑界面（见图 6—34）中选择西藏北路 OCC 网元，右击，从弹出的快捷菜单中选择 Show Equipment 命令。

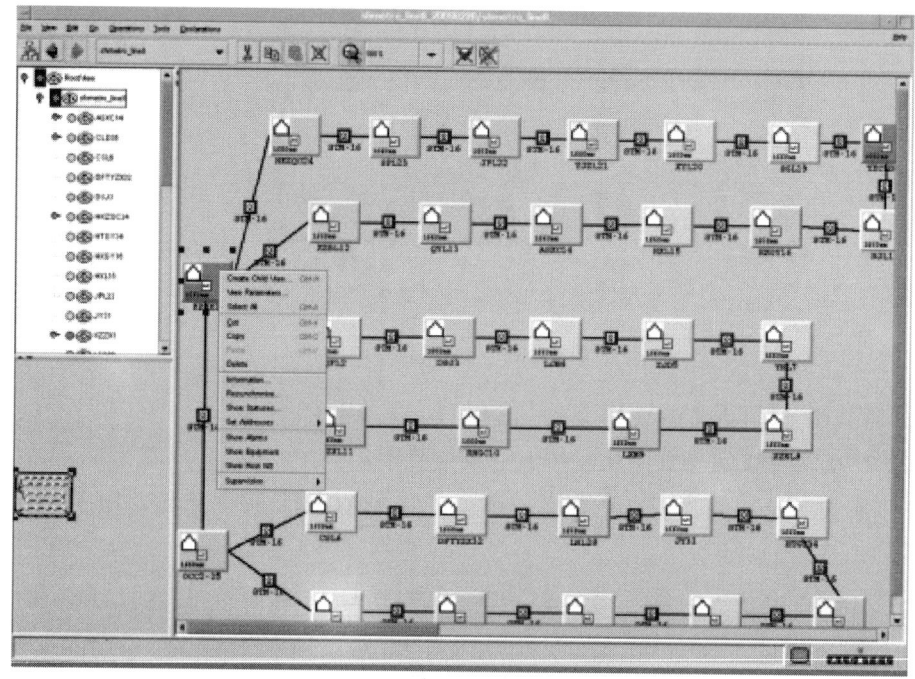

图 6—34　网元拓扑界面

（2）在如图 6—35 所示的网元设备显示界面中选择第 2 块 A21E1 双击，进入端口显示界面（见图 6—36），选中 S12 右击，从弹出的快捷菜单中选择 Navigate to Transmission View 命令，进入通道显示界面，如图 6—37 所示。

（3）查看西藏北路站第 9 只 2M 的通道，确认与西藏北路 OCC 第 28 只 2M 的通道一致，如图 6—38 所示。

步骤5：在西藏北路 OCC DDF 架的第 28 只 2M 上桩头接入 2M 误码测试仪进行 2M 误码测试，如图 6—39 所示。

第 6 章
传输单元车站设备

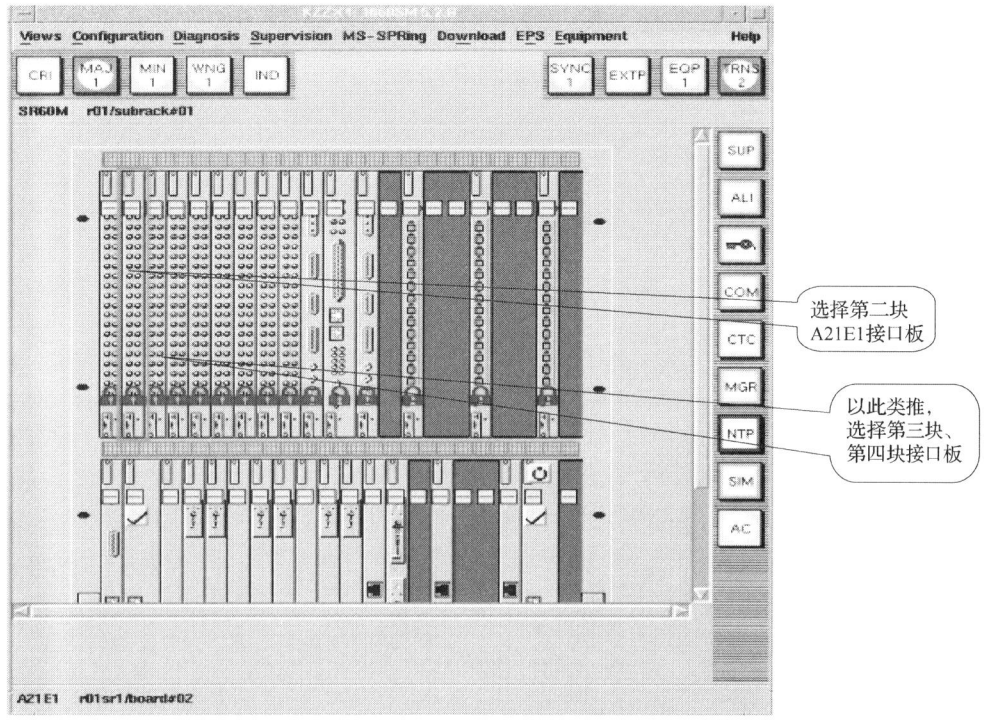

图 6—35　网元设备显示界面

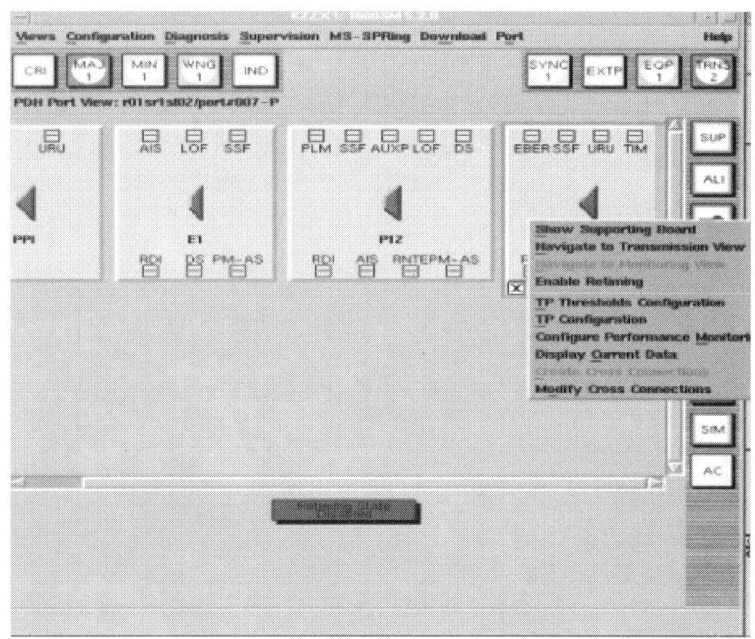

图 6—36　端口显示界面

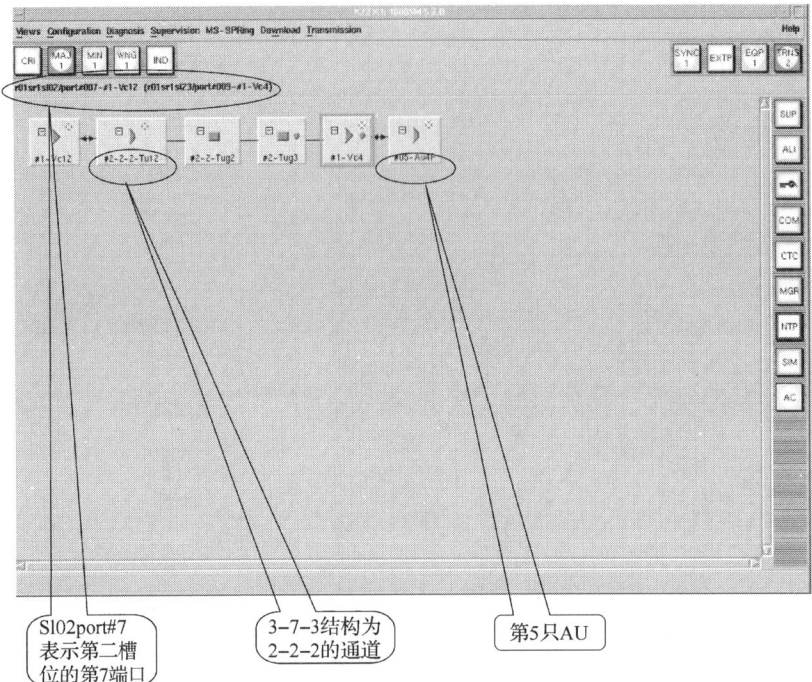

图 6—37 通道显示界面

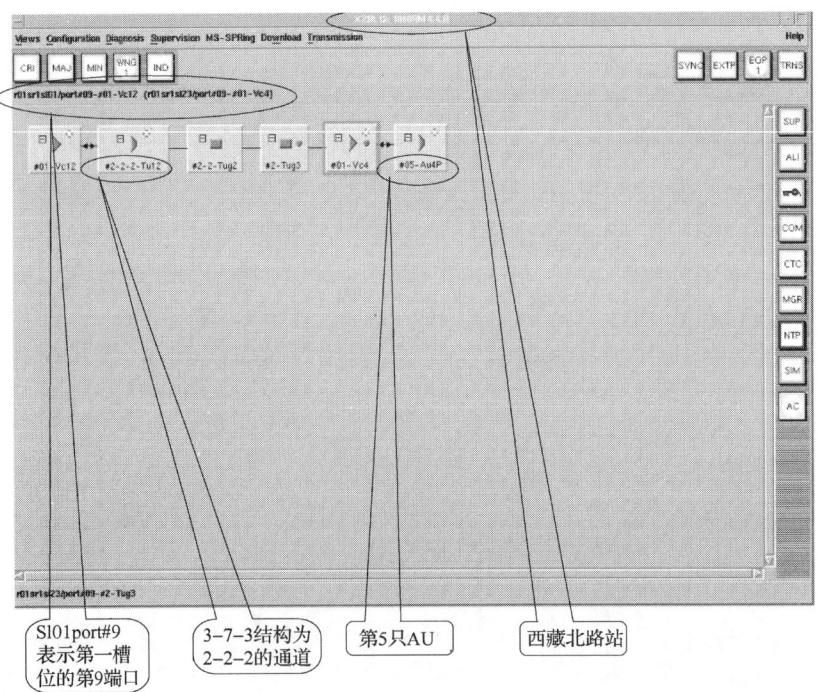

图 6—38 查看西藏北路站第 9 只 2M 的通道

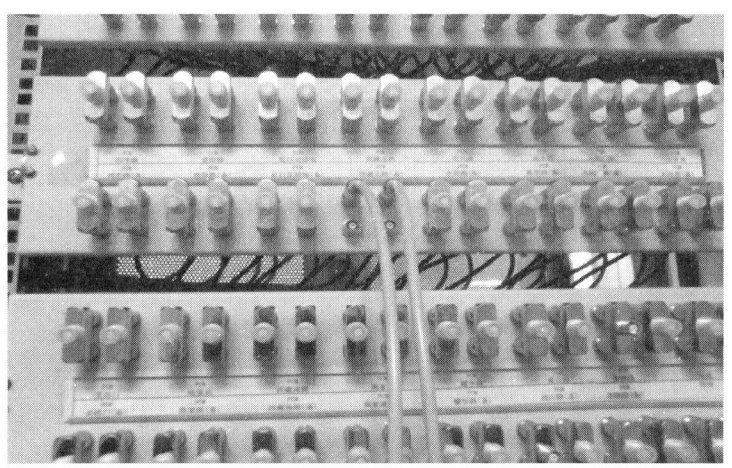

图 6—39　进行 2M 误码测试

本章测试题

一、判断题（将判断结果填入括号中。正确的填"√"，错误的填"×"）

1. 数字信号传输方式有基带传输和频带传输。　　　　　　　　　　　（　　）
2. 对适合于基带传输的传输码型应具有码型变换设备复杂、功能强大的特性。

（　　）
3. NRZ 码一般用于复用设备内部的编解码。　　　　　　　　　　　　（　　）
4. 光源器件的作用是将电信号转换成光信号。　　　　　　　　　　　（　　）
5. 要求光电检测器具有足够快的响应速度。　　　　　　　　　　　　（　　）
6. 光衰减器是用来稳定、准确地减少信号光功率的无源光器件。　　　（　　）
7. 半导体激光器（LD）主要适用于短距离、大容量的光纤通信系统。　（　　）
8. PHD 是一个完全同步的系统。　　　　　　　　　　　　　　　　　（　　）
9. 同步复接之前需要进行码速变换。　　　　　　　　　　　　　　　（　　）
10. 码速调整有正码速调整、正/负码速调整两种。　　　　　　　　　（　　）

二、单项选择题（选择一个正确的答案，将相应的字母填入题内的括号中）

1. 基带传输的信道是（　　）。
   A. 电缆　　　　　B. 光纤　　　　　C. 微波　　　　　D. 卫星
2. 理想的基带传输系统的输出响应波形在抽样判决点应满足（　　）的条件。
   A. 无噪声　　　　B. 无漂移　　　　C. 无码间干扰　　D. 无衰减

3. 半导体激光器除具有二极管的一般特性外，还具有特殊的（　　）特性。
A. 光频　　　　B. 电频　　　　C. 光波　　　　D. 电波

4. 雪崩光电二极管不但具有（　　）转换作用，而且还具有内部放大作用。
A. 电光　　　　B. 光电　　　　C. 数模　　　　D. 模数

5. 同步复接之前需要进行（　　）。
A. 码速变换　　B. 码速调整　　C. 码字转换　　D. 码型变换

6. （　　）有利于多路合成处理和交换，电路相对复杂。
A. 按位复接　　B. 按路复接　　C. 按帧复接　　D. 按字复接

本章测试题答案

一、判断题

1. √　2. ×　3. √　4. √　5. √　6. √　7. ×　8. ×
9. √　10. ×

二、单项选择题

1. A　2. C　3. A　4. B　5. A　6. B

技能操作复习题

一、SDH 中 2M 通道配置数据查询

试题单

（1）操作条件

阿尔卡特 SDH 网管设备。

（2）操作内容

1）网管操作。

2）使用网管菜单命令。

3）网管上查找相关 2M 通道的位置。

4）进入相关通道层面。

5）使用菜单命令查询通道配置数据，并记录时隙位置。

（3）操作要求

1）正确进入网管操作。

2）正确使用网管菜单命令。

3）在网管上正确找到相关 2M 通道的位置。

4）正确进入相关通道层面。

5）正确使用菜单命令查看通道配置数据并读取时隙位置。

6）注意安全文明生产。

二、更换 SDH 网元 ES-16 以太网板

试题单

（1）操作条件

1）阿尔卡特 SDH 网管设备。

2）ES-16 以太网板。

（2）操作内容

1）登录网管。

2）找到需要更换的 ES-16 以太网板所在槽位。

3）更换新的 ES-16 以太网板。

4）观察以太网板指示灯情况并说明。

5）在网管上观察确认以太网板工作状态。

（3）操作要求

1）正确登录网管。

2）找到相关槽位。

3）正确更换 ES-16 以太网板。

4）观察以太网板指示灯情况并给出正确的说明。

5）在网管上观察 ES-16 以太网板工作状态。

6）注意安全文明生产。

第 7 章

电源车站设备

学习目标

- ☑ 了解通信电源系统组成和要求
- ☑ 掌握通信电源设备的性能
- ☑ 了解蓄电池的功能和特点
- ☑ 掌握各类蓄电池的性能
- ☑ 了解 UPS 设备的功能和特点
- ☑ 掌握 UPS 设备的性能

7.1 电源基础知识

知识要求

7.1.1 通信电源系统

1. 组成

城市轨道交通通信电源系统包括交流供电系统、直流供电系统、不间断电源系统（UPS）、蓄电池组和接地系统，是整个城市轨道交通通信系统的重要组成部分，是通信系统的"心脏"。通信电源是使通信系统中各设备正常工作的重要保障，除了要消除电网对通信设备的损害，还要保证对通信设备的供电要求和质量。

2. 通信电源系统的供电方式

集中供电、分散供电、混合供电为3种比较典型的通信电源系统的供电方式。

（1）集中供电。集中供电方式是指供电设备集中、供电负载集中。

（2）分散供电。分散供电方式是指供电设备有独立于其他供电设备的负载，即负荷分散或电池与负载都分散，采用分散供电方式时，多个系统同时出故障的概率小。

（3）混合供电。混合供电由太阳电池方阵、低压市电、蓄电池组、整流及配电设备及移动电站组成，该系统在保证向负载供电的同时，还通过计算机实现了系统的自动控制、自动检测、自动诊断和自动告警。在正常情况下，由太阳电池方阵经直流配电屏（内含蓄电池充电控制器）对通信设备供电，同时给蓄电池充电；太阳光较弱时或在夜间，由市电经整流器给通信设备供电；太阳光较弱时或在夜间而且市电故障时，由蓄电池放电给通信设备供电。

3. 对通信电源系统的要求

（1）通信电源系统必须是独立的供电设备并具有集中监控管理的系统，应保证对通信设备不间断、无瞬变地供电，满足通信设备对电源的要求。

（2）城市轨道交通通信设备应按一级负荷供电。重要通信枢纽引入两路高压市电。由变电所引接双电源双回线路的交流电源至通信机房交流配电屏，当使用中的一路出现故障时，应能自动切换至另一路。

（3）对要求直流供电的通信设备，应采用集中方式供电。

（4）电源设备容量期限配置应符合下列要求：直流配电设备的容量应按远期负荷配置；整流器、直流变换器、逆变器、交流不间断电源设备的容量应按近期配置；蓄电池组的容量应按近期负荷配置，并应保证连续供电不少于 4 h（蓄电池组一般设置两组并联，每组容量应为总容量的 1/2）；通信电源的后备供电时间不应少于 2 h。

（5）对要求交流不间断供电的通信设备，可根据负荷容量确定采用逆变器供电或交流不间断电源（UPS）供电方式。当交流负荷小时采用逆变器供电；当交流负荷大时采用 UPS 供电。

（6）通信设备的接地系统设计，应做到确保人身、通信设备安全和通信设备的正常工作。城市轨道交通车站根据条件可采用合设接地方式，也可采用分设接地方式。分设接地方式由接地体、接地引入线、地线盘及室内接地配线组成。不同接地体间的距离均应大于 20 m，以防止产生地线之间的串扰所造成的不安全因素。

（7）通信设备的接地电阻值要求全年内不应大于表 7—1 所列值。

表 7—1　　　　　　　　通信设备接地电阻值要求

地点\接地体类型	分设室外接地体阻值（Ω）			合设室外接地体阻值
	联合接地	保护接地	防雷接地	
车站	1~4	10	10	1

7.1.2 交流供电系统

1. 交流供电系统组成

交流供电系统由专用变电站、主用发电机、备用发电机组或移动电站、交流不间断电源设备、交流配电屏及相关的配电线路组成。

为提高供电的可靠性,交流配电屏必须从电网引入两路独立交流电源,实现两路交流电源相互切换,为各个通信设备供电。在各条轨道交通线路的控制中心、车辆段、停车场、车站通信机房内都设有低压交流配电屏。

2. 低压交流配电屏

低压交流配电屏是将由降压电力变压器输出的低电压电源或直接由市电引入的低电压电源进行配电,进行市电的通断、切换控制和监测,并保护接到输出侧的各种交流负载。低压配电设备由交流接触器、空气断路开关、熔断器、电压电流互感器、避雷器和监测用各种交流电表等组成。

3. 低压交流配电屏的主要电器

(1) 交流接触器。交流接触器利用主接点来开闭电路,用辅助接点来执行控制指令。主接点一般只有常开接点,而辅助接点常有两对具有常开和常闭功能的接点,小型的接触器也经常作为中间继电器配合主电路使用。

(2) 空气断路开关。空气断路开关即低压断路器,在电路中进行接通、分断和承载额定工作电流和短路、过载等故障电流,并能在线路和负载发生过载、短路、欠压等情况下,迅速分断电路,进行可靠的保护。

(3) 熔断器。交流熔断器分为高压熔断器和低压熔断器,交流熔断器在交流配电系统中起到的作用是短路保护,当电流超过规定值时,以本身产生的热量使熔体熔断从而断开电路。

(4) 电流互感器。电流互感器是测量用的变压器,又称仪用变压器,用来扩大仪表的测量范围。互感器分为电压互感器和电流互感器两种,通信电源系统中只使用了后者。

7.1.3 交流基础电源电压测量

通信电源设备及重要建筑用电设备用交流电供电时,在设备的电源输入端,电压允许变动范围为额定电压的 $-15\% \sim 10\%$。

交流基础电源电压,根据测量的要求,可分为峰值电压、峰—峰值电压、有效值

电压和平均值电压 4 种。交流电压的测量通常使用万用表或交流电压表直读测量,也可以使用示波器进行测量。用示波器测量电压,不但能测量到电压值的大小,而且能正确地测定波形的峰值电压、峰—峰值电压。

技能要求

交流电源柜二路切换

交流通信电源是一级负荷供电,电源柜二路切换可以自动进行,也可以手动进行,本操作是采用手动方式对交流电源柜进行二路切换。

操作准备

实训设备及工具的准备见表 7—2。

表 7—2　　　　　　　　　实训所需的设备及工具

序号	名称	品牌	规格型号	单位	数量
1	通信交流电源柜			个	1
2	绝缘旋具			套	1
3	指针式万用表（500 型）			个	1
4	UPS 及蓄电池组			个	1
5	WHK 双头开关（ATS 开关）箱			个	1

操作要求

1. 观察哪一路运行指示灯亮。
2. 对第一路和第二路自动开关进行自动操作。
3. 对第一路和第二路转换（按钮）开关进行手动操作。
4. 操作过程中对设备状况进行判断。

操作步骤

步骤 1：观察哪一路运行指示灯亮,如图 7—1 所示。

步骤 2：对第一路和第二路自动开关进行自动操作。拉下正在运行的电源输入开关,如图 7—2 所示,确认切换到另一路后,再合上第一路输入开关,正确确认切换时间应符合延时器所调时间。

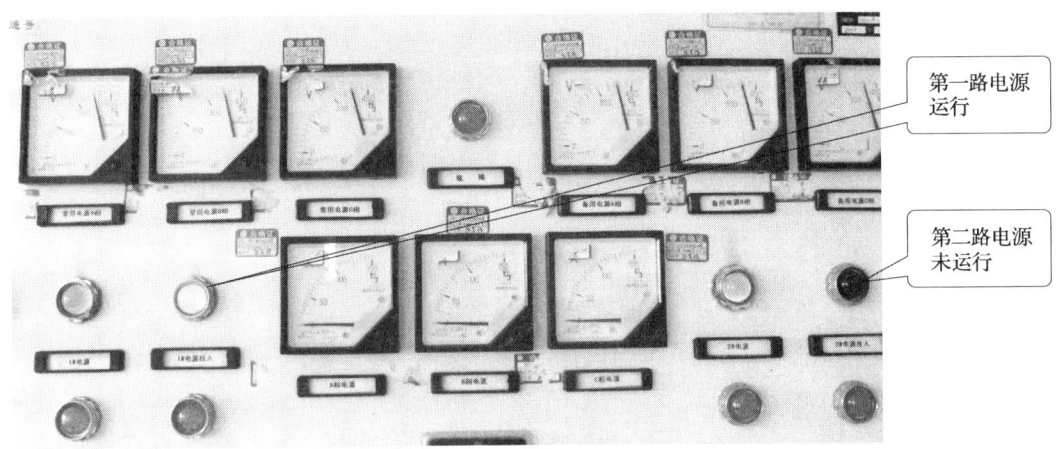

图 7—1 观察哪一路投入指示灯亮

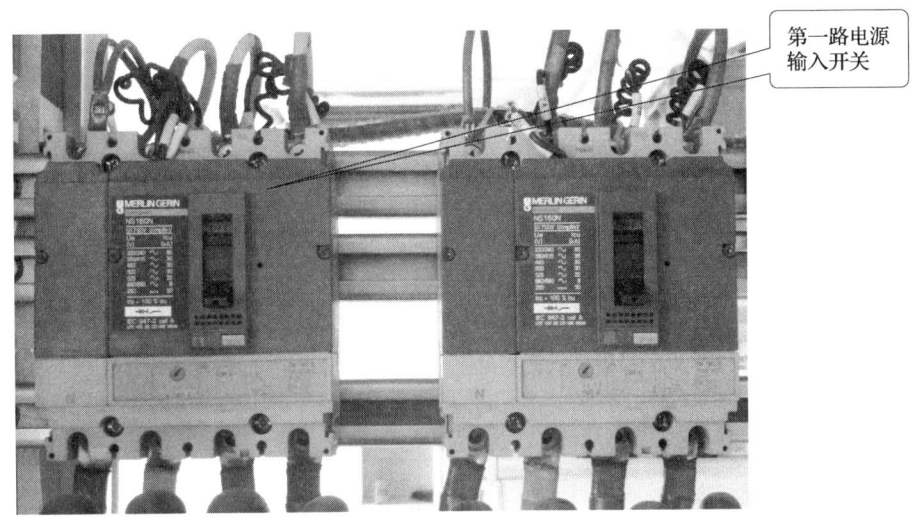

图 7—2 对第一路和第二路自动开关进行自动操作

步骤 3：对第一路和第二路转换开关（按钮）进行手动操作。在面板前找到手动切换开关，如图 7—3 所示，旋转把手切换到备用的一路电源，正确确认切换时间应小于等于 0.15 s。

步骤 4：操作过程中对设备状况进行判断。两路切换过程中，判断交流接触器是否有异响声（见图 7—4），切换后元件是否有损坏，切换后负载（见图 7—5）和交流接触器（见图 7—6）是否正常工作（切换前先查看负载灯的状态）。

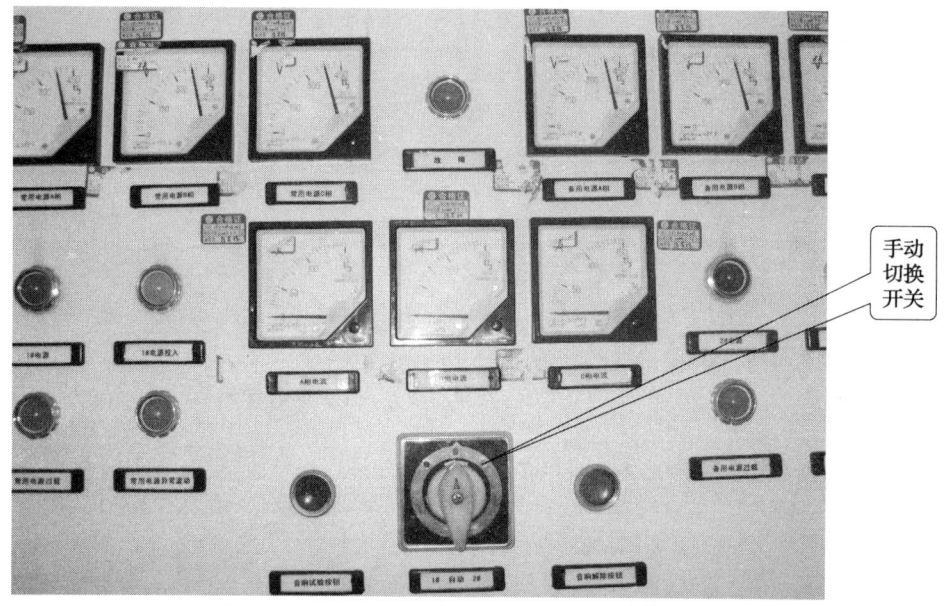

图7—3 在面板上找到手动切换开关

图7—4 告警黄灯未亮、无告警铃声

更换交流电源柜的空气开关

空气开关是交流电源柜内常用的元器件,若该元器件出现故障,需要及时进行现场处理,这样才能保证设备的正常工作。

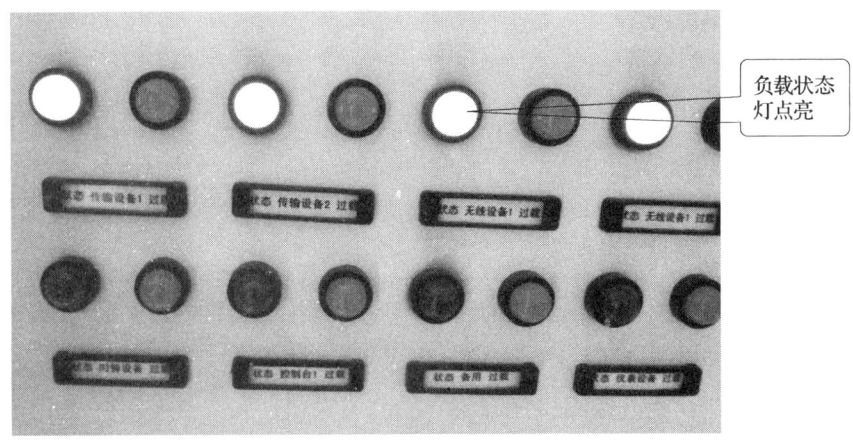

图 7—5　负载状态灯点亮

图 7—6　1、2 路交流接触器

操作准备

实训设备及工具的准备见表 7—3。

表 7—3　　　　　　　　　　实训所需的设备及工具

序号	名称	品牌	规格型号	单位	数量
1	通信交流电源柜			个	1
2	绝缘旋具			套	1
3	指针式万用表（500 型）			个	1
4	交流接触器			个	1

操作要求

1. 正确分析空气开关可能出现故障的原因。
2. 正确进行修理操作。
3. 正确进行恢复操作。
4. 正确执行作业安全规范。

操作步骤

步骤1：分析空气开关可能出现故障的原因：交流接触器线圈吸不上或吸不足，接点不释放或释放缓慢，电磁铁吸合时噪声太大。

步骤2：修理操作。断开两路接触器输入空气开关（见图7—7），用万用表测量电源确认没有电（见图7—8），拆除接触器连接线（见图7—9），拆下接触器的固定螺钉，卸下接触器（见图7—10）。

图7—7　断开两路接触器输入空气开关

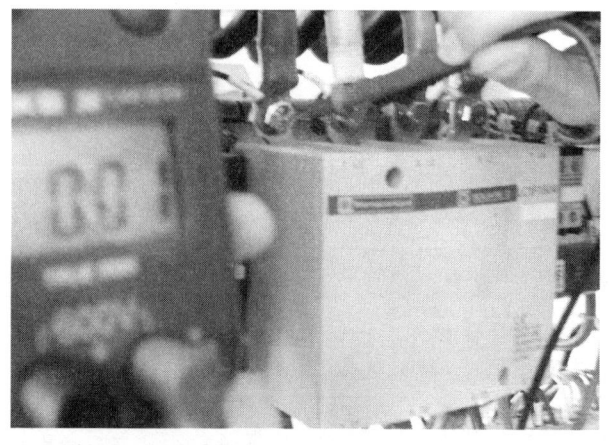

图7—8　测量电源

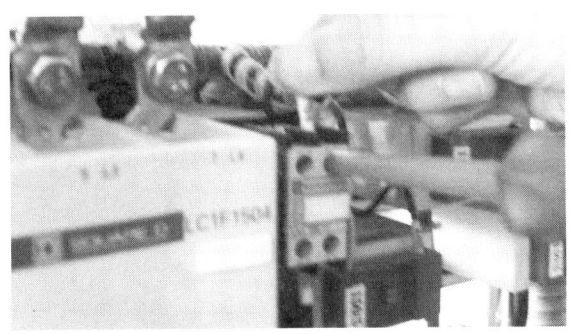

图 7—9 拆除连接线

图 7—10 拆除接触器

步骤 3：恢复操作。换上同一规格接触器，安装固定螺钉，连上接触器连接线，连接线要牢固、安全，合上电源开关，观察接触器是否正常工作。

7.2 蓄电池

知识要求

7.2.1 蓄电池在通信电源系统中的应用

在通信电源系统中，蓄电池是直流供电系统的重要组成部分。一旦交流供电中断或断开，关闭电源设备出现故障时，就必须依靠蓄电池组向直流用电设备提供电能，保证直流用电设备的不间断供电，从而保证通信网络的正常运行。

在直流供电系统中蓄电池与整流器并联组合成浮充式供电系统，蓄电池可起到降低整流器的输出杂音，提高其供电质量的作用直流蓄电池组通常采用正极接地。

放电是蓄电池将储存的化学能转换为电能向外电路输出的过程。

1. 组成

常见的蓄电池通常由正负极板、隔板、电解液、安全阀气塞、容器等几部分组成。

2. 作用

在市电正常时，虽然蓄电池不担负向通信设备供电的主要任务，但与供电主要设备——整流器并联运行，能改善整流器的供电质量，起到平滑滤波作用；当市电异常或在整流器不工作的情况下，则由蓄电池单独供电，担负起对全部负载供电的任务，起到备用作用。

7.2.2 VRLA 蓄电池

在城市轨道交通通信电源系统中，通常采用的是阀控式密封铅酸蓄电池（Valve-Regulated Lead Acid Battery，VRLA）。这种蓄电池是固定型蓄电池，由于 VRLA 是全密封的，不会漏酸，而且在充放电时不会像老式铅酸蓄电池那样会有酸雾放出来而腐蚀设备、污染环境，所以在很多领域广泛使用。

1. 基本原理

VRLA 蓄电池基本工作原理如下：

$$PbO_2 + 2H_2SO_4 + Pb \underset{充电}{\overset{放电}{\rightleftharpoons}} PbSO_4 + 2H_2O + PbSO_4$$

上式从左到右，PbO_2（二氧化铅）为正极活物质，H_2SO_4（硫酸）为电解液，Pb（海绵状铅）为负极活物质，$PbSO_4$（硫酸铅）为正极活物质，H_2O（水）为电解液，$PbSO_4$（硫酸铅）为负极活物质。

放电时，正极板的二氧化铅和负极板的海绵状铅与电解液中的硫酸反应，生成硫酸铅，电解液中的硫酸浓度降低。

充电时，硫酸铅通过氧化还原反应分别恢复成二氧化铅和海绵状铅，电解液中的硫酸浓度增大。

2. VRLA 蓄电池的放电率及温度特性

蓄电池的放电率是指电池在规定时间内放出额定容量时所需的电流值，或按一定输出电流放完额定容量时所需的时间。常用倍率或时率表示。依据国际电工委员会标准，放电率分别为 20 小时率、10 小时率、5 小时率、3 小时率、2 小时率、1 小时率、0.5 小时率等。

温度也是影响蓄电池性能的重要因素，图 7—11 是放电容量与环境温度的关系图，从图 7—11 中可以看出随着温度的上升，蓄电池放电容量随之增加；反之，温度降低，放电容量减少。

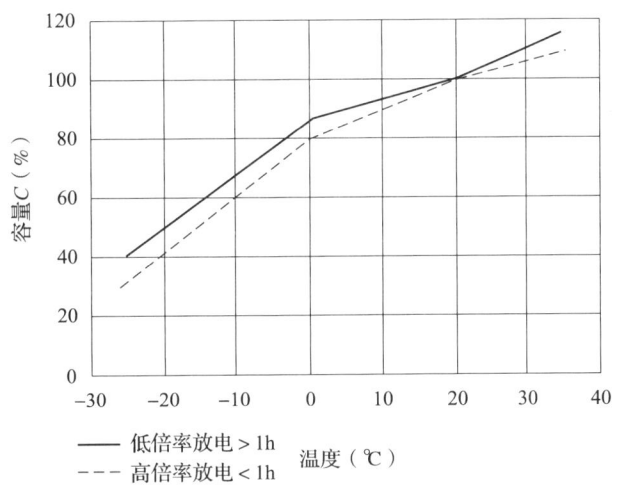

图 7—11　放电容量与环境温度的关系图

7.2.3　UPS、接地系统与防雷

1. UPS

不间断电源系统（Uninterruptible Power System，UPS）是伴随着计算
技术而出现的。在城市轨道交通系统中，由于运营组织的需要，许多通信设备，例如视频监控、无线传输、专用电话、乘客信息导乘系统等都要求不间断供电，而且要求供电电压稳定、频率稳定、波形无畸变，因此必须采用不间断电源系统。

2. 接地系统与防雷

接地系统是通信电源系统的重要组成部分，不仅直接影响通信的质量和电源系统的正常运行，还起到保护人身安全和设备安全的作用。

(1) 电气地的概念。接地系统中所指的地即大地。大地是一个电阻非常低、电容量非常大的物体，拥有吸收无限电荷的能力，而且在吸收大量电荷后仍能保持电位不变，因此适合作为电气系统中的参考电位体。这种"地"称为电气地，电气地的范围随着大地结构的组成和大地与带电体接触的情况而定。

(2) 防雷接地。防雷接地装置的接地电阻通常要求不大于 10 Ω。防雷接地有两种：一种是为保护建筑物不受雷击而专设的防雷接地装置。当采用建筑物的钢筋作为避雷系统时，如通信接地为分设方式，楼内通信设备接地装置或安装机架金属件或地线防护钢管与这些钢筋导体的距离应在 1.5~1.8 m。另一种是为了防止雷电过电压对电源设备的破坏而埋设的防雷接地装置，即为了预防来自市电高压相线遭雷击时，经配电变压器感应到低压相线上的过电压，或因低压线路较长，在低压线上的直接雷电感应过电压沿低压线进入负荷设备的危害。在市电高低电压侧加装的高低压避雷器，下端连接地装置，该接地装置一般为单一设置，距离一般交流工作接地及保护接地装置应大于 10 m。防雷接地电阻一般应在 10~20 Ω之间。

(3) 雷电放电。雷电放电具有电流大、电压高的特点，大多数雷电放电发生在云间或云内，只有小部分是对地发生的。在对地的雷电放电中，雷电的极性是指雷云下行到地的电荷的极性。根据放电电荷量进行的多次统计表明，90% 左右的雷是负极性的。

(4) 联合接地方式。联合接地方式是指接地体的埋深（指接地体上端）一般不小于 0.7 m，各建筑物的基础接地体和其他专设接地体相互连通形成一个共用地网，并将电子设备的工作接地、保护接地、逻辑接地、屏蔽体接地、防静电接地及建筑物防雷接地等共用一组接地系统的接地方式。

(5) 接地导线。室外接地引入线一般用 40 mm × 4 mm 的镀锌扁钢。接地引入线、地线盘或接地汇流排及接地配线系统中采用的导线的电阻，其值是接地装置对地电压与通过接地极流入地中电流的比值。按通过接地极流入地中的工频交流电流求得的电阻则为工频接地电阻。

(6) 测量接地电阻的方法。测量接地电阻的方法有电流表 - 电压表法、接地电阻测量仪器测量、三级测试法。三极测试法在测量时要敷设两个辅助接地体，一个称为电压接地体，另一个称为电流接地体。当压敏电阻两端所加电压大于压敏电压时，压敏电阻击穿导通，呈低阻状态。

技能要求

蓄电池放电操作

蓄电池是储存电能的常用设备,经常对蓄电池进行放电处理,可以有效地延长蓄电池的使用寿命。

操作准备

实训设备及工具的准备见表7—4。

表7—4　　　　　　　　　　实训所需的设备及工具

序号	名称	品牌	规格型号	单位	数量
1	通信交流电源柜			个	1
2	绝缘旋具			套	1
3	指针式万用表(500型)			个	1
4	UPS及蓄电池组			个	1

操作要求

1. 测量蓄电池总电压。
2. 正确进行放电操作。
3. 正确进行恢复操作。

操作步骤

步骤1:测量蓄电池总电压。

用工具拆UPS后盖,用万用表直流挡,确认正负极,在UPS背面接线端或蓄电池箱中的总开关或总接线头测量蓄电池总电压,如图7—12所示。

步骤2:放电操作。

关闭UPS输入(见图7—13),电源进行蓄电池放电,在蓄电池箱内定时测量蓄电池放电电流值(见图7—14)及电压、内阻(见图7—15),并记录数据,每隔2 min测一次,并记录。

步骤3:恢复操作。

合上UPS输入电源开关,如图7—16所示,用钳形表直流测量蓄电池充电电流,如图7—17所示。

图 7—12　蓄电池组接线端

图 7—13　关闭 UPS 输入

图 7—14　测量蓄电池放电电流

图 7—15　测量蓄电池电压、内阻

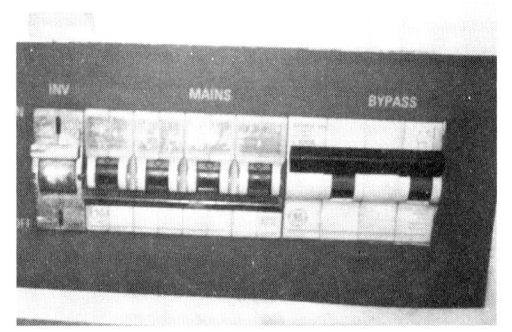 

图 7—16　合上 UPS 输入电源开关　　　　图 7—17　测量蓄电池充电电流

7.3　UPS 设备

知识要求

7.3.1　UPS 概述

不间断电源系统（Uninterruptible Power System，UPS）是伴随着计算机技术而出现的，在城市轨道交通系统中，由于运营组织的需要，许多通信系统设备都要求不间断供电，而且要求供电电压稳定、频率稳定、波形无畸变，因此必须采用不间断电源系统进行供电。

1．交流不间断电源

在双路供电中，两路电源转换过程中至少要中断供电几十毫秒，对于一般的供电设备没有严重影响，但对于计算机系统及计算机控制的负载则会有严重影响。因为计算机系统对供电的质量和可靠性有着更严格的要求，不允许有 3～5 ms 的中断，否则计算机正在处理的信息便会丢失或发生错误。交流不间断电源（UPS）的主要功能有两路电源无间断切换、隔离干扰、电压变换、频率变换和后备。

2．UPS 的功能

UPS 的功能有两路电源无间断切换、隔离干扰、电压变换、频率变换和后备。

（1）两路电源的无间断切换。当两路电源中有一路发生故障时，可通过 UPS 实现无间断的切换。

（2）隔离干扰。在 UPS 中，交流输入电源经过整流后由逆变器对负载供电，可将电网电压的瞬时间断、谐波、电压波动、噪声等各种干扰与负载隔离，使电网的干扰不影响负载，而且负载也不干扰电网。

（3）电压变换。通过 UPS，可将输入电源的电压变换成所需要的电压。

（4）频率变换。通过 UPS，可将输入电源的频率变换成所需要的频率。

（5）后备。UPS 中的蓄电池组储存一定电能，市电间断时，蓄电池组通过逆变器继续供电。

3．UPS 的分类

目前在输出正弦波的 UPS 中广泛采用正弦脉宽调制（SPWM）逆变器进行供电，脉冲频率可达 20 kHz 左右，脉冲宽度为正弦规律变化，UPS 正常工作时的实际负载能力为额定负载能力的 70%。

（1）后备式 UPS 电源。在市电正常供电时，市电通过交流旁路通道再经转换开关直接向负载提供电源。机内的逆变器处于停止工作状态，这时的 UPS 电源实质上相当于一台性能较差的市电稳压器，除了对市电电压的幅度波动有所改善外，对电压的频率不稳、波形畸变及从电网侵入的干扰等不良影响基本上没有任何改善。只有当市电供电中断或低于 170 V 时，蓄电池才对 UPS 逆变器供电，并向负载提供稳压、稳额的方波交流电源。

（2）在线式 UPS 电源。在市电正常供电时，在线式 UPS 电源首先将市电交流电源经整流变成直流电源，然后进行脉宽调制、滤波，再将直流电经逆变器重新转换成正弦波交流电源向负载供电。一旦市电中断，立即改由蓄电池提供的直流电经逆变器向负载提供正弦波交流电源，实现不间断供电。

（3）锁相环的基本工作原理。压控振荡器的角频率 ω_0 与输入信号的角频率 ω_i 频率完全一致，而且两个信号间的相位差达到恒定时，环路便进入了锁定状态。

在 UPS 逆变电路中还有一项技术必不可少，那就是同步锁相技术，锁相电路由三个基本部件：鉴相器、低通滤波器和压控振荡器组成，如图 7—18 所示。

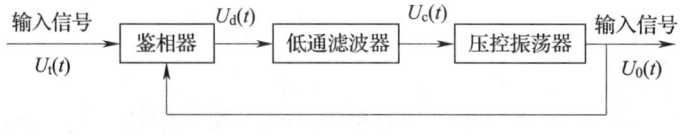

图 7—18　锁相电路组成

输入信号的相位与反馈信号的相位经过鉴相器进行比较,产生对应于两信号相位差的误差电压。这个误差电压与两个信号的相位差成正比,可以调节压控振荡器的频率,以与输入信号同步。经鉴相器输出的电压由低通滤波器去除高频分量与噪声,产生直流分量,控制压控振荡器产生振荡频率,使其朝着输入电压频率的方向变化,这就是整个锁相环的工作原理。

(4) 静态开关。大多数 UPS 采用两个反向并联的晶闸管组成一个静态开关。静态开关的作用是保护 UPS 和负载,实现市电旁路供电和逆变器供电的转换。当 UPS 出现过载现象时,为保护逆变器不受损坏,在市电正常的情况下 UPS 就会通过静态开关将输出转换至市电;当 UPS 逆变器出现故障时,为保证负载不断电,UPS 也通过静态开关将输出切换至市电。

(5) 备用时间。备用时间是指从交流输入电源中断切换到电池供电时起,在额定输出负载不变的情况下,不间断电源保持向信息技术设备连续供电的时间。

UPS 中的蓄电池组储存一定电能,市电间断时,蓄电池组通过逆变器继续供电,继续供电的时间由蓄电池的电池容量决定。

(6) 单台 UPS 供电。采用单台 UPS 供电时,由于其平均无故障工作时间是有限值,一般在 10 万 h 左右,UPS 具有并机工作能力,并机工作时,各 UPS 负载电流不平衡度小于等于 5%(额定输出电流时,5 kVA 以上)。

7.3.2 集中监控系统

通信电源系统必须是独立的供电设备并具有集中监控管理的系统。

1. 集中监控

集中监控可分为遥测、遥信、遥控三种类型,集中监控指标包括可以监控输入电压、输入电流、直流电压、充电电流、输出电压、输入电流、频率、功率、UPS 运行状态、电池放电、蓄电池电压、市电故障、UPS 故障。

2. 监控系统的基本构成

监控系统由监控中心和监控站组成,监控中心和监控站都是由服务器、监控台等多台计算机组成,各自组成一个局域网。监控系统包括 RS232 或 RS485/422 标准通信接口。

技能要求

UPS 的操作和故障判断

操作准备

实训设备及工具的准备见表 7—5。

表 7—5 实训所需的设备及工具

序号	名称	品牌	规格型号	单位	数量
1	通信交流电源柜			个	1
2	UPS 及蓄电池组			个	1

操作要求

1. 正确判断 UPS 工作状况。
2. 正确读出 UPS 内部数据（输入/输出电压和输入/输出电流、旁路电压、蓄电池电压、蓄电池放电或充电电流、UPS 负载容量）。
3. 正确执行作业安全规范。

操作步骤

步骤 1：判断 UPS 工作状况。观察 UPS 液晶面板是否有报警信息（见图 7—19）。观察 UPS 液晶面板旁发光二极管绿灯亮还是红灯亮，红灯亮则有故障，绿灯亮为正常。

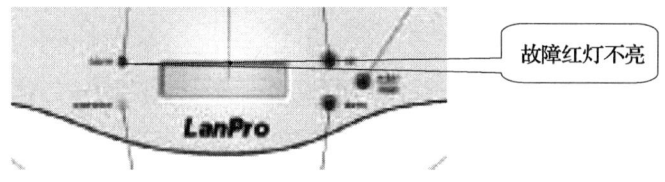

图 7—19 UPS 液晶面板

步骤 2：读出 UPS 内部数据（输入/输出电压和输入/输出电流、旁路电压、蓄电池电压、蓄电池放电或充电电流、UPS 负载容量）。

如下标准菜单显示 UPS 的型号和实际负载：

```
D15 - 31
LOAD   37%
```

显示主菜单时，可以通过"UP"键来进入信息屏，并通过"UP（4）"和"DOWN（2）"键在几个信息屏之间切换。在最后的显示信息之后，会出现主显示屏，也可以通过"ENTER/RESET"键来切换到主显示屏。下面分别介绍不同显示信息表示的含义。

| LINE IN 50.0 Hz |
| 230 V 230 V 230 V |

：表示市电电压和频率。

| BYPASS IN 50.0 Hz |
| 230 V |

：表示旁路电压和频率。

| OUTPUT |
| 230 V 10.0 A |

：表示输出电压和输出电流。

| LOAD PF 0.76 |
| CF 2.13 |

：表示所连设备的功率因子和峰值因子。

| BATTERY   23℃ |
| +270V −269V 0.1A |

：表示电池附近的温度、电池电压（充电：+值，放电：−值）和电池电流。

| RUNTIME   83% |
| LEFT 0；10；12 |

：表示UPS总的运行时间

本章测试题

一、判断题（将判断结果填入括号中。正确的填"√"，错误的填"×"）

1. 电源设备包括整流模块、交直流配电装置、蓄电池组和监控单元。（   ）
2. 交流电源有效值的测量可采用万用表或交流电压表直读测量。（   ）
3. 正弦交流电的三要素是最大值、频率和初相角。（   ）
4. 蓄电池可起到提高整流器输出杂音，提高供电质量的作用。（   ）
5. 直流蓄电池组通常采用正极接地。（   ）
6. 充电是蓄电池将储存的化学能转换为电能向外电路输出的过程。（   ）
7. 大地的电阻非常低，容电量非常大，而且在吸收大量电荷后仍能保持电位不

变，因此电气上将其作为一个系统的参考电位体，这种"地"称为电气地。（   ）

8. 防雷接地装置的接地电阻通常要求不大于 15 Ω。（   ）

9. 雷电放电具有电流大、电压高的特点。（   ）

10. 三极测试法在测量时要敷设两个辅助接地体，一个称为电压接地体，另一个称为电流接地体。（   ）

二、单项选择题（选择一个正确的答案，将相应的字母填入题内的括号中）

1. 电源设备包括整流模块、（   ）、蓄电池组和监控单元。
   A. 交直流配电装置　　　　　　B. 交流配电装置
   C. 直流配电装置　　　　　　　D. 无

2. 直流工作地的线径由（   ）决定。
   A. 负载设备　　　　　　　　　B. 电源设备
   C. 负载设备和电源设备共同决定　D. 开关

3. 交流电源有效值的测量可采用（   ）读测量。
   A. 钳形表　　　　　　　　　　B. 交流电流表
   C. 示波器　　　　　　　　　　D. 万用表或交流电压表

4. 在直流供电系统中蓄电池与整流器并联组合为（   ）供电系统。
   A. 充放式　　B. 浮充式　　C. 并联式　　D. 后备式

5. 蓄电池可起到（   ）整流器输出杂音，提高供电质量的作用。
   A. 提高　　　B. 降低　　　C. 平稳　　　D. 不变

6. （   ）是蓄电池将储存的化学能转换为电能向外电路输出的过程。
   A. 放电　　　B. 充电　　　C. 充放电　　D. 蓄电

本章测试题答案

一、判断题

1. √　2. √　3. √　4. ×　5. √　6. ×　7. √　8. ×
9. √　10. √

二、单项选择题

1. A　2. A　3. D　4. B　5. B　6. A

操作技能复习题

一、交流电源柜二路切换

试题单

（1）操作条件

1）电源柜。

2）万用表。

3）常用工具。

（2）操作内容

1）观察哪一路运行指示灯亮。

2）对第一路和第二路自动开关进行自动操作。

3）对第一路和第二路转换开关（按钮）进行手动操作。

4）操作过程中对设备状况进行判断。

（3）操作要求

1）观察哪一路运行指示灯亮。

2）正确执行自动操作。

3）正确执行手动操作。

4）正确判断操作过程中设备状况。

5）正确执行作业安全规范。

二、更换交流电源柜空气开关

试题单

（1）操作条件

1）电源柜。

2）万用表。

3）常用工具。

4）交流接触器。

（2）操作内容

1）分析故障可能出现的原因。

2）修理操作。

3）恢复操作。

（3）操作要求

1）正确分析故障可能出现的原因。

2）正确进行修理操作。

3）正确进行恢复操作。

4）正确执行作业安全规范。

三、判断 UPS 工作状况并读出其内部数据

试题单

（1）操作条件

UPS。

（2）操作内容

1）判断 UPS 工作状况。

2）读出 UPS 内部数据（输入/输出电压和输入/输出电流、旁路电压、蓄电池电压、蓄电池放电或充电电流、UPS 负载容量）。

（3）操作要求

1）正确判断 UPS 工作状况。

2）正确读出 UPS 内部数据（输入/输出电压和输入/输出电流、旁路电压、蓄电池电压、蓄电池放电或充电电流、UPS 负载容量）。

3）正确执行作业安全规范。

理论知识考试模拟试卷及答案

城轨通信工（四级）理论知识试卷

注 意 事 项

1. 考试时间：90 min。
2. 请按要求在试卷的标封处填写您的姓名、准考证号和所在单位的名称。
3. 请仔细阅读各种题目的回答要求，在规定的位置填写您的答案。
4. 不要在试卷上乱写乱画，不要在标封区填写无关的内容。

	一	二	总 分
得 分			

得 分	
评分人	

一、判断题（第1题~第30题。将判断结果填入括号中。正确的填"√"，错误的填"×"。每题1分，满分30分）

1. 基带传输系统的基本构成包括信道和配线架。　　　　　　　　　　（　　）
2. 数字信号传输的基本准则是那奎斯特准则。　　　　　　　　　　　（　　）
3. CMI码中10不准出现。接收方码流中一旦出现10判为误码，借此监测误码。
　　　　　　　　　　　　　　　　　　　　　　　　　　　　　　　（　　）
4. 光发送机输出光功率的稳定度要求为10%~12%。　　　　　　　　（　　）
5. 全光中继器就是电–光放大器。　　　　　　　　　　　　　　　　（　　）
6. 同步复接之前需要进行码速变换。　　　　　　　　　　　　　　　（　　）
7. 任一条入线只能到达部分出线的情况称为部分利用度线束。　　　　（　　）

8. 模拟用户接口又称 Z 接口,与模拟用户线相连,包括 Z1、Z2、Z3 接口。
(　　)

9. 外置存储器的主要功能是用于加载及转存数据,设置外置存储器的目的在于节省程控数字交换机的内存空间,提高运算速率。(　　)

10. 用户线信令指用户终端和交换机之间交换的信令。(　　)

11. 电缆芯线接续前,应保证气闭良好(填充型电缆除外),并应核对电缆程式、规格,检查端别,如有不符合的应及时返修,合格后方可进行电缆接续。(　　)

12. 光纤通信的光波波谱在 $(1.67 \sim 3.75) \times 10^{14}$ Hz 之间。(　　)

13. 光纤通信的第一低损耗窗口在短波长 0.85 μm 附近。(　　)

14. 与其他形式数字调制相比,移幅键控的缺点是误码性能较差。(　　)

15. 数字相位调制信号的数学表达式中,$\Delta = 2\pi/n$ 为相邻信号的相位间隔。(　　)

16. CDMA 是第二次世界大战期间研究开发的技术,开发 CDMA 的思想初衷是防止敌方对己方通信的干扰,CDMA 在战争期间广泛应用于军事抗干扰通信。(　　)

17. 直立共线阵即按天线阵理论将垂直振子在平行于地面的直线上排阵,以压缩垂直平面的波瓣宽度。(　　)

18. 移动通信系统中最小相邻信道间隔为 5 个信道。(　　)

19. TETRA 空中接口支持最大 256 字节用户数据的短数据业务。(　　)

20. 业务信道通常可以分为两类:控制信道和逻辑信道。(　　)

21. 控制中心还应具有录像功能。(　　)

22. 轨道交通视频监控系统主要分为模拟组网和模数结合组网两种方式。(　　)

23. 云台的电气特征、工作特性和机械特性一般包括输入功率、输入电压、水平转角、承重、输出转矩等。(　　)

24. 测量数据处理只是为了找出物理量的关系。(　　)

25. 控制中心广播网管与控制中心广播服务器操作步骤一样。(　　)

26. 使用频率计的频段不正确时,频率计显示为零。(　　)

27. 线路阻抗表和万用表测试的数值结果是一致的。(　　)

28. 电缆在敷设时可以根据现场情况决定电缆走向。(　　)

29. 直流蓄电池组通常采用正极接地。(　　)

30. 室外接地引入线一般用 30 mm×4 mm 的镀锌扁钢。(　　)

理论知识考试模拟试卷及答案

二、单项选择题（第31题~第100题。选择一个正确的答案，将相应的字母填入题内的括号中。每题1分，满分70分）

31. 为了克服（　　）码中出现长连0，引出了HDB3码。
   A. NRZ　　　　B. RZ　　　　C. 1B2B　　　　D. AMI

32. 发光二极管的温度特性（　　）。
   A. 较好　　　　B. 很差　　　　C. 较差　　　　D. 一般

33. 由于掺杂了N型材料，使得PIN光电二极管大大提高了（　　）转换效率和响应速度。
   A. 电光　　　　B. 光电　　　　C. 数模　　　　D. 模数

34. 雪崩光电二极管不但具有（　　）转换作用，而且还具有内部放大作用。
   A. 电光　　　　B. 光电　　　　C. 数模　　　　D. 模数

35. 光分路耦合器是分路和耦合（　　）信号的部件。
   A. 光　　　　B. 电　　　　C. 数字　　　　D. 模拟

36. 光接收机在满足给定的（　　）指标下，所需的平均光功率越高，则其灵敏度越不灵敏。
   A. 抖动　　　　B. 误码率　　　　C. 漂移　　　　D. 速率

37. ITU-T已建议将CMI码作为同步数字系列（SDH）的（　　）接口码型。
   A. STM-1　　　　B. STM-4　　　　C. STM-16　　　　D. STM-64

38. 同步复接使用（　　）来控制。
   A. 不稳定的主时钟　　　　B. 各自的时钟
   C. 一个高稳定的主时钟　　　　D. 幅值

39. PDH码速调整就是将一次群速率2 048 kb/s统一调整到（　　）kb/s。
   A. 2 000　　　　B. 2 032　　　　C. 2 096　　　　D. 2 112

40. 一次完整的通话过程包括电路的建立阶段、通信阶段和电路的（　　）阶段。
   A. 断开　　　　B. 拆解　　　　C. 增益　　　　D. 接续

41. 交换机由控制、交换、接口、（　　）和计费等功能组成。
   A. 编码　　　　B. 传送　　　　C. 信令　　　　D. 解码

42. 空间（s）接线器的工作方式分为输出控制方式和（　　）控制方式。
   A. 定时　　　　　B. 输入　　　　　C. 空分　　　　　D. 呼入

43. 全分散控制系统中的每个处理机各自构成了独立的控制子系统，每个子系统负责一定负荷的话务接续，并通过（　　）连接。
   A. 光缆　　　　　B. 电缆　　　　　C. 网线　　　　　D. 总线

44. 程控数字交换机对控制系统的要求包括对呼叫处理能力、可靠性、灵活性和（　　）的要求。
   A. 修复率　　　　B. 接通率　　　　C. 故障率　　　　D. 适用

45. 模拟中继接口又称 C 接口，是（　　）与模拟中继线之间的接口电路。
   A. 模拟交换网络　　　　　　　　　B. 模拟话机
   C. 数字话机　　　　　　　　　　　D. 数字交换网络

46. 数字中继接口电路是（　　）与交换网络之间的接口电路。数字中继接口包括 A 接口和 B 接口。
   A. 模拟交换网络　B. 数字中继线　C. 数字话机　　　D. 数字交换网络

47. 用户回路通常包括（　　）、分线箱、用户电缆等设备。
   A. 双绞线　　　　B. 同轴电缆　　　C. 漏缆　　　　　D. 射频缆

48. 我国电信网的同步方式采用分级的主从同步和相互同步并存的方式，共分成四个等级，不同等级之间采用（　　）同步方式，同一等级之间采用相互同步方式。
   A. 主从　　　　　B. 相互　　　　　C. 帧　　　　　　D. 时钟

49. 按照传送的通路和话音通路的关系，信令可以分为随路信令、（　　）信道信令（CCS）。
   A. 记发器　　　　B. 线路监测　　　C. No. 7　　　　　D. 公共

50. GPS 接收机在全球任何地方、任何时刻均能接收到至少（　　）颗卫星信号。
   A. 2　　　　　　B. 3　　　　　　C. 4　　　　　　D. 5

51. 从实现机制来看，时间同步有硬件和（　　）两种同步方法，硬件时间同步比软件时间同步灵活，成本也低。
   A. 软件　　　　　B. 插件　　　　　C. 附件　　　　　D. 手动校时

52. 全塑市内通信电缆的护套包在屏蔽层的外面，其材料主要采用高分子聚合物塑料。护套的种类有单层护套、双层护套、（　　）、粘接护套和特殊护套等。
   A. 外护套　　　　B. 内护套　　　　C. 综合护套　　　D. 绝缘护套

53. 电缆配盘必须以单盘电缆检验记录、线路图、电缆分歧点、（　　）的分布等为依据。

  A．递增点   B．递减点   C．接头点   D．接地点

54．敷设在市内、居民区或将来有可能被挖开地区的直埋式电缆，均应在电缆上面覆细土（ ）cm，铺以红砖保护。

  A．10   B．20   C．30   D．40

55．一般全塑电缆对号后要套上塑料号码管，管上印有（ ）号码，每一对线套上一根号码管。

  A．000～1 000 B．000～100 C．000～999 D．000～900

56．光纤的（ ），安装于飞机、火箭、导弹内，可以减轻燃料，提高速度。

  A．频带宽   B．重量轻   C．衰耗小   D．资源丰富

57．光缆维护的内容有：对光纤进行测量，做好光纤技术资料的整理，定期对光纤线路进行巡视、维护，并做好线路巡视维护记录；对各机房中的光纤配线架进行定期（ ）等工作。

  A．检修、清洁、核对台账   B．核对台账、清洁、检修

  C．清洁、整理台账、检修   D．清洁、核对台账、检修

58．光通信常用仪表包括光源、光功率计、光时域反射仪（OTDR）、（ ）。

  A．自动光纤熔接机、万用表、SDH 测试仪、误码测试仪

  B．自动光纤熔接机、SDH 测试仪、电缆耦合测试仪、误码测试仪

  C．电桥、电缆耦合测试仪、SDH 测试仪、误码测试仪

  D．自动光纤熔接机、SDH 测试仪、误码测试仪

59．移幅键控的表达式中，a 表示（ ）。

  A．常数   B．调制指数 C．信噪比   D．幅度指数

60．移频键控与移幅键控相比的优点是（ ）。

  A．充分利用放大器的功率输出   B．设备成本低

  C．占用的频谱窄   D．速度快

61．时分多址是（ ）的一种多址方式。

  A．以载波频率来划分   B．按时间划分

  C．以扩频信号为基础、利用扩频技术 D．通过空间分割

62．多段同轴振子天线在垂直平面的波瓣宽度随（ ）的增加而变窄。

  A．频率   B．段数   C．波长   D．周期

63．OSI 参考模型的（ ）负责在原机器和目标机器之间建立所使用的路由。

A. 第三层 B. 第二层 C. 第一层 D. 第五层

64. 应用层中的通用因特网应用程序有：（　　）、FTP（文件传送协议）、NFS（网络文件系统）、SMTP（简单邮件传送协议）和DNS（域名系统）。

A. UDP B. Telnet C. TCP D. RFID

65. TETRA系统中，（　　）有线性化信道。

A. 语音信道 B. 链路猝发 C. 控制信道 D. 链路

66. 随着（　　）、计算机处理能力和存储容量的迅速提高及各种视频处理技术的出现，视频监控进入数字化网络视频监控阶段。

A. 模拟化 B. 数字化 C. 网络带宽 D. 通信技术

67. 将色度信号、亮度信号、消隐信号、（　　）、全色同步信号等叠加在一起使构成彩色全电视信号。

A. 图像信号 B. 色度信号 C. 同步信号 D. 彩条视频信号

68. 彩色电视的基本图像信号是（　　），不同于只有一个图像信号的黑白电视。

A. 一个基色信号 B. 三个图像信号
C. 三个基色信号 D. 一个基色信号和图像信号

69. 目前城市轨道交通主要采用（　　）视频压缩编码方式。

A. H.261 B. MPEG-1
C. MPEG-2/H.262 D. H.264

70. 各站配有（　　），通过网络可从硬盘录像机中调取本站回放视频图像。

A. 硬盘录像机 B. 回放服务器 C. 编码器 D. 视频服务器

71. 光端机的网络接口与控制中心的视频（　　）相连，用于COCC控制指令、录像调用等信息的传输。

A. 服务器 B. 编码器 C. 交换机 D. 以太网交换机

72. 固定光圈定焦镜头在调试时，可调整（　　）环，使监视器上的图像清晰度达到最佳。

A. 光圈大小 B. 镜头大小 C. 聚焦 D. 变焦

73. 监视器对于白平衡的要求是在显示黑白图像时，在所有亮度之下显像管都只能给出各级（　　）而不带任何色彩。

A. 白色 B. 灰色 C. 彩色 D. 白色和灰色

74. 目前硬盘录像机的主流视频压缩格式是（　　）。

A. MPEG-1 B. JPEG C. H.261 D. H.264

75. 红外热效应和光电效应的输出大都是（　　），或者可用适当的方法转变成电量。

　　A. 电流　　　　　B. 电压　　　　　C. 电平　　　　　D. 电量

76. 报警控制主机将报警信息通过以太网和传输系统上传至（　　）。

　　A. 视频服务器　　　　　　　　　　B. 控制中心网管终端

　　C. 视频服务器和控制中心网管终端　D. 矩阵

77. 分控中心视频安防服务器将控制指令转换为上层网统一协议指令通过（　　）的以太网通道传送到对应线路控制中心的视频服务器。

　　A. 交换机　　　　B. 光端机　　　　C. 编码器　　　　D. 解码器

78. 为了使测量结果具有信服力，在具有多个标准条件下必须依据（　　）执行测量。

　　A. 国际标准　　　B. 国家标准　　　C. 地方标准　　　D. 行业标准

79. 实现功率放大器主备切换功能的模块为（　　）。

　　A. 中央控制器　　　　　　　　　　B. 负载输出控制器

　　C. 功放控制器　　　　　　　　　　D. 数字音频处理器

80. 对于下列元器件：A——音频处理器、B——负载输出控制器、C——功率放大器、D——扬声器，声音通过各元器件的流程为（　　）。

　　A. ABCD　　　　　B. BCAD　　　　　C. ACBD　　　　　D. CDAB

81. 车站声压检查是（　　）。

　　A. 通过电平表测量喇叭上的电压　　B. 通过耳朵听喇叭的响度

　　C. 通过声压计测量现场的喇叭响度　D. 通过示波器观察喇叭上的波形

82. 对于广播网络检查，错误的判断是（　　）。

　　A. 对线状网络，发生断点后只能看到断点以内的车站连接

　　B. 对线状网络，发生断点后只能看到断点以外的车站连接

　　C. 对环状网络，发生1个断点还可以看到整个网络内的车站连接

　　D. 对环状网络，发生2个以上断点只能看到两个断点以内的车站连接

83. 对于下列给出的操作步骤：a——给测试设备加入标准测试信号，b——记录输出至规定失真度的放大器输出电平，c——断开信号输入，d——读出断开信号输入时放大器输出电平，e——计算记录给测试设备加入标准测试信号时的放大器输出电平/读出断开信号输入时放大器输出电平，f——计算读出断开信号输入时放大器的输出电平/记录给测试设备加入标准测试信号时放大器的输出电平，g——调整音量电位器使

输出至规定失真度的，测量信噪比的有效步骤是（　　）。

  A．abdce   B．agbcde   C．abcdf   D．acde

84．车站广播设备检查时，除了正常的广播设备功能和技术指标检查外，还要求进行（　　）功能的检查。

  A．车站接收列车运行信息并自动播音 B．ATS信息正确率

  C．列车到站位置   D．没要求

85．网管设备在对车站进行远程参数修改后，要求（　　）。

  A．修改结束

  B．工作内容结束

  C．观察车站被修改后的参数应有相应变化

  D．无要求

86．乘客信息系统从（　　）接收列车服务信息，控制指定的终端显示器显示相应的列车服务信息，如后三班车的到站时间等。

  A．FAS   B．ATS   C．GIS   D．BAS

87．乘客信息系统可为乘客提供（　　）等实时或非实时多媒体信息。

  A．政府公告

  B．出行参考

  C．广告

  D．政府公告、出行参考、媒体新闻、广告

88．电源设备包括（　　）。

  A．整流模块、交直流配电装置、蓄电池组和监控单元

  B．交直流配电装置、蓄电池组和监控单元

  C．交直流配电装置、蓄电池组、切换单元和监控单元

  D．交直流配电装置、蓄电池组和监控单元

89．直流工作地的（　　）由负载设备决定。

  A．管径   B．线径   C．路径   D．电路

90．交流电源有效值的测量可采用（　　）直读测量。

  A．钳形表   B．交流电流表

  C．示波器   D．万用表或交流电压表

91．正弦交流电的三要素是最大值、（　　）和初相角。

  A．有效值   B．频率   C．周期   D．最小值

92. 蓄电池可起到降低整流器输出杂音，（　　）供电质量。
   A. 提高　　　　　B. 降低　　　　　C. 平稳　　　　　D. 不变

93. 放电是蓄电池将储存的（　　）转换为电能向外电路输出的过程。
   A. 机械能　　　　B. 化学能　　　　C. 生物能　　　　D. 动能

94. （　　）在测量时要敷设两个辅助接地体，一个称为电压接地体，另一个称为电流接地体。
   A. 单极　　　　　B. 双极测试法　　C. 三极测试法　　D. 多级测试法

95. 当压敏电阻两端所加电压大于压敏电压时，压敏电阻击穿导通，呈（　　）状态。
   A. 低阻　　　　　B. 中阻　　　　　C. 高阻　　　　　D. 无阻

96. 通信电源设备及重要建筑用电设备用交流电供电时，在设备的电源输入端，电压允许变动范围为额定电压的（　　）～10%。
   A. －5%　　　　　B. －10%　　　　C. －15%　　　　D. －20%

97. 大多数 UPS 采用两个（　　）的晶闸管组成一个静态开关。
   A. 同向并联　　　B. 反向并联　　　C. 同向串联　　　D. 反向串联

98. 备用时间是：从交流输出电源中断切换到（　　）时起，在额定输出负载不变的情况下，不间断电源保持向信息技术设备连续供电的时间。
   A. UPS供电　　　B. 电池供电　　　C. 直流供电　　　D. 市电供电

99. 采用单台 UPS 供电时，由于其平均无故障工作时间是个有限值，一般在（　　）h 左右。
   A. 5万　　　　　B. 10万　　　　　C. 15万　　　　　D. 20万

100. 监控中心是由服务器、监控台等多台计算机组成的一个（　　）。
   A. 局域网　　　　B. 广域网　　　　C. 环网　　　　　D. 线型网

城轨通信工（四级）理论知识试卷答案

一、判断题（第 1 题～第 30 题。将判断结果填入括号中。正确的填"√"，错误的填"×"。每题 1 分，满分 30 分）

1. ×   2. √   3. √   4. ×   5. ×   6. √   7. ×   8. √
9. √   10. √   11. ×   12. √   13. √   14. √   15. √   16. √
17. ×   18. ×   19. √   20. ×   21. ×   22. √   23. √   24. ×
25. ×   26. √   27. ×   28. ×   29. √   30. ×

二、单项选择题（第 31 题～第 100 题。选择一个正确的答案，将相应的字母填入题内的括号中。每题 1 分，满分 70 分）

31. D   32. A   33. B   34. B   35. A   36. B   37. A   38. C
39. D   40. B   41. C   42. B   43. D   44. D   45. D   46. C
47. D   48. A   49. D   50. C   51. A   52. C   53. B   54. B
55. C   56. B   57. D   58. D   59. B   60. A   61. B   62. B
63. A   64. B   65. C   66. C   67. C   68. C   69. C   70. B
71. D   72. C   73. D   74. D   75. D   76. C   77. B   78. A
79. C   80. C   81. C   82. B   83. B   84. A   85. C   86. B
87. D   88. A   89. B   90. D   91. B   92. A   93. B   94. C
95. A   96. C   97. B   98. B   99. B   100. A

操作技能考核模拟试卷

注 意 事 项

1. 考生根据操作技能考核通知单中所列的试题做好考核准备。

2. 请考生仔细阅读试题单中具体考核内容和要求，并按要求完成操作或进行笔答或口答，若有笔答请考生在答题卷上完成。

3. 操作技能考核时要遵守考场纪律，服从考场管理人员指挥，以保证考核安全顺利进行。

注：操作技能鉴定试题评分表及答案是考评员对考生考核过程及考核结果的评分记录表，也是评分依据。

国家职业资格鉴定
城轨通信工（四级）操作技能考核通知单

姓名：

准考证号：

考核日期：

试题1

试题代码：1.1.2。

试题名称：使用笔记本电脑对 TETRA MTP850 型手持电台写频（增加通话组、增加私密呼叫功能）。

考核时间：20 min。

配分：25 分。

试题 2

试题代码：2.2.1。

试题名称：定焦摄像机的调试及参数设置。

考核时间：20 min。

配分：25 分。

试题 3

试题代码：3.1.6。

试题名称：用光时域反射仪测试光纤长度。

考核时间：20 min。

配分：25 分。

试题 4

试题代码：3.3.2。

试题名称：判断 UPS 工作状况并读出内部数据。

考核时间：20 min。

配分：25 分。

城轨通信工（四级）
试 题 单

试题代码：1.1.2。

试题名称：使用笔记本电脑对 TETRA MTP850 型手持电台写频（增加通话组、增加私密呼叫功能）。

考核时间：20 min。

1. 操作条件

（1）TETRA 850 型手持电台两台。

（2）写频笔记本电脑一台。

（3）TETRA 850 型手持电台专用写频适配电缆一根。

2. 操作内容

（1）启动写频笔记本电脑，打开 TETRA CPS 写频软件，进入写频界面。

（2）用 TETRA 850 型手持电台专用写频适配电缆连接笔记本电脑与 850 型手持电台。

（3）操作手持电台相应按钮，使手持电台进入写频模式，进行写频。

（4）写频完毕，使手持电台退出写频模式。

（5）用该手持电台对另一台手持电台进行半双私密呼叫试验。

（6）将两台手持电台设于新加入的通话组，进行通话试验。

3. 操作要求

（1）正确打开 TETRA CPS 写频软件。

（2）正确使用专用写频适配电缆并进入写频模式。

（3）正确加入新通话组。

（4）正确操作写频软件，将修改后的数据模板写入手持电台。

（5）正确操作两台手持电台，进行私密呼叫试验。

（6）正确操作两台手持电台，在新的通话组中，进行通话试验。

城轨通信工（四级）
试题评分表及答案

试题代码：1.1.2　　　　试题名称：使用笔记本电脑对 TETRA MTP850 型手持电台写频（增加通话组、增加私密呼叫功能）

考生姓名：　　　　准考证号：　　　　考核时间（min）：20

评价要素		配分	等级	评分细则	评定等级					得分
					A	B	C	D	E	
1	（1）启动写频笔记本电脑，打开 TETRA CPS 写频软件，进入写频界面 （2）用 TETRA 850 型手持电台专用写频适配电缆连接笔记本电脑与 850 型手持电台 （3）正确操作手持电台相应按钮，使手持电台进入写频模式，进行写频	8	A	正确						
			B	错1项						
			C	错2项						
			D	错2项以上						
			E	未答题						
2	（1）正确读取手持电台内数据信息 （2）在"半双工私密呼叫"栏，单击打钩 （3）在"通话组"栏增加新的通话组 （4）然后对手持电台进行写频	8	A	正确						
			B	错1项						
			C	错2项						
			D	错2项以上						
			E	未答题						

续表

	评价要素	配分	等级	评分细则	评定等级 A	B	C	D	E	得分
3	（1）写频完毕，使手持电台退出写频模式 （2）在该手持电台输入另一台手持电台的ID号，进行半双密呼叫试验 （3）将两台手持电台设于新写入的通话组，进行通话试验	6	A	正确						
			B	错1项						
			C	错2项						
			D	错2项以上						
			E	未答题						
4	作业安全规范（劳动防护用品穿戴、工具准备、场地整理、无违规操作、无违章操作）	3	A	正确						
			B							
			C							
			D							
			E	有违规、违章操作						
合计配分		25		合计得分						

考评员（签名）：

等级	A（优）	B（良）	C（尚可）	D（差）	E（未答题）
比值	1.0	0.8	0.6	0.2	0

"评价要素"得分＝配分×等级比值

参考答案：

1. 启动写频笔记本电脑，打开TETRA CPS写频软件，进入写频界面。

（1）打开TETRA CPS写频软件，进入写频界面。

（2）用TETRA 850型手持电台专用写频适配电缆连接笔记本电脑与850型手持电台。

（3）同时按下手持台上1、9、"电源开关"三个按钮，使手持电台进入写频模式。

2. 进行写频。

（1）在写频软件界面上单击"读取数据"图标，读取手持电台内数据信息。

（2）单击写频软件上"特征标志"图标，在"半双工私密呼叫"栏单击打勾。

（3）单击写频软件上"通话组"图标，单击"TOM 操作"，再单击"TOM 通话组列表"，输入新通话组的名称和 ID 号，在"文件夹中的通话组"中将新通话组选进相应的文件夹。

（4）对手持电台进行写频。

3. 写频完毕，手持电台退出写频模式。用该手持电台与另一台手持电台，进行半双私密呼叫试验并用新通话组进行通话试验。

（1）写频完毕，单击写频软件上"电源开关"图标，使手持电台退出写频模式。

（2）在该手持电台输入另一台手持电台的 ID 号，进行半双私密呼叫试验。

（3）将两台手持电台设于新的通话组，进行通话试验。

试验结束，两台手持电台退回待机状态。

城轨通信工（四级）
试 题 单

试题代码：2.2.1。

试题名称：定焦摄像机的调试及参数设置。

考核时间：20 min

1. 操作条件

（1）定焦摄像机。

（2）监视器。

（3）连接线和电源。

2. 操作内容

（1）将摄像机的图像在监视器上进行显示。

（2）摄像机参数设置［地址设置（S1 C1）、AGC（自动）、自动白平衡的设置、自动光圈驱动设置、自动亮度设置、电源同步 LL 设置］。

（3）摄像机初始化。

3. 操作要求

（1）正确显示图像。

（2）正确设置摄像机参数。

（3）正确进行摄像机初始化设置。

（4）正确执行作业安全规范。

城轨通信工（四级）
试题评分表及答案

试题代码：2.2.1　　　试题名称：定焦摄像机的调试及参数设置
考生姓名：　　　　　准考证号：　　　　　考核时间（min）：20

评价要素	配分	等级	评分细则	评定等级					得分
				A	B	C	D	E	
1 摄像机的图像在监视器上进行显示	5	A	正确						
		B							
		C							
		D	错误						
		E	未答题						
2 参数设置一： （1）打开摄像机菜单 （2）地址设置 （3）自动增益控制设置 （4）自动白平衡设置	6	A	正确						
		B	错1项						
		C	错2项						
		D							
		E	错2项以上						
3 参数设置二： （1）自动亮度设置 （2）电源同步LL设置 （3）自动光圈驱动设置	6	A	正确						
		B	错1项						
		C	错2项						
		D							
		E	错2项以上						

续表

评价要素		配分	等级	评分细则	评定等级					得分
					A	B	C	D	E	
4	摄像机初始化	5	A	正确						
			B							
			C							
			D	错误						
			E	未答题						
5	作业安全规范（劳动防护用品穿戴、工具准备、场地整理、无违规操作、无违章操作）	3	A	正确						
			B							
			C							
			D							
			E	有违规、违章操作						
合计配分		25		合计得分						

考评员（签名）：

等级	A（优）	B（良）	C（尚可）	D（差）	E（未答题）
比值	1.0	0.8	0.6	0.2	0

"评价要素"得分＝配分×等级比值。

参考答案：

1. 将摄像机的图像在监视器上进行显示。

（1）正确连接电源连接线。

（2）正确连接视频电缆线。

（3）正确连接监视器连接线。

2. 参数设置一

（1）打开摄像机菜单。

（2）地址设置（S1 C1）。

(3) 自动增益控制设置，置 AGC（ON）位置。

(4) 自动白平衡设置，置 ATW-1，ATW-2 位置。

3. 参数设置二

(1) 自动光圈驱动设置，置 DC 位置。

(2) 电源同步设置，置 LL 位置。

(3) 自动亮度设置，置 ALC 位置。

4. 摄像机初始化设置

按菜单左右键加上中间控制键 2 s 以上，摄像机恢复出厂设置。

城轨通信工（四级）
试 题 单

试题代码：3.1.6。

试题名称：用光时域反射仪测试光纤长度。

考核时间：20 min

1．操作条件

（1）光时域反射仪。

（2）12 芯光缆 GYA53－12D（或二盘 2 km 伪纤）。

（3）尾纤和活动连接器。

（4）医用脱脂棉、医用酒精、医用纱布。

2．操作内容

（1）OTDR 参数的设置。

（2）尾纤分别与 OTDR 接口、被测光纤相连接。

（3）测试光纤长度。

3．操作要求

（1）OTDR 测量参数及系统参数的正确设置。

（2）用酒精棉花清洁尾纤后将尾纤分别与 OTDR 接口、被测光纤正确连接。

（3）仪表操作规范，测试方法正确。

（4）正确执行作业安全规范。

城轨通信工（四级）试题评分表及答案

试题代码：3.1.6　　试题名称：用光时域反射仪测试光纤长度

考生姓名：　　　　　准考证号：　　　　　考核时间（min）：20

评价要素	配分	等级	评分细则	评定等级 A	B	C	D	E	得分
1　OTDR 参数设置 （1）测量距离范围 （2）脉冲选择 （3）波长选择 （4）取样时间	8	A	正确						
		B	错1项						
		C	错2项						
		D	错3项						
		E	未答题						
2　将尾纤分别与OTDR接口、被测光纤相连接 （1）用酒精棉花清洁尾纤 （2）将尾纤与OTDR的接口正确连接 （3）将尾纤和被测光纤正确连接	6	A	正确						
		B	错1项						
		C	错2项						
		D							
		E	未答题						
3　测试光纤长度 （1）进入测试界面 （2）移动左光标至被测光纤0 m处 （3）移动右光标至菲涅尔反射上升沿底部	8	A	正确						
		B	错1项						
		C	错2-3项						

续表

评价要素	配分	等级	评分细则	评定等级 A	B	C	D	E	得分
3	（4）局部放大右光标，再次移动右光标至菲涅尔反射上升沿底部，放大后位置 （5）读出测试数据	8	D	错4项						
			E	未答题						
4	作业安全规范（劳动防护用品穿戴、工具准备、场地整理、无违规操作、无违章操作）	3	A	正确						
			B							
			C							
			D							
			E	有违规、违章操作						
合计配分	25		合计得分							

考评员（签名）：

等级	A（优）	B（良）	C（尚可）	D（差）	E（未答题）
比值	1.0	0.8	0.6	0.2	0

"评价要素"得分 = 配分 × 等级比值

参考答案：

1. OTDR 参数设置。

测试光纤时，要将被测光纤的有关参数输入到 OTDR 中，测的数据才能非常接近设计。

OTDR 测量参数及系统参数的设置包括：

（1）距离范围。

（2）脉冲选择。

（3）波长选择。

(4)取样时间。

2. 尾纤分别与 OTDR 接口、被测光纤相连接。

(1)用酒精棉花清洁尾纤

(2)将尾纤与 OTDR 接口正确连接。

(3)将尾纤与被测光纤正确连接。

3. 测试光纤长度。

(1)进入测试界面。

(2)移动左光标至被测光纤 0 m 处。

(3)移动右光标至菲涅尔反射上升沿底部。

(4)局部放大右光标,再次移动右光标至菲涅尔反射上升沿底部,放大后位置。

(5)读出测试数据。

城轨通信工（四级）
试 题 单

试题代码：3.3.2。

试题名称：判断 UPS 工作状况并读出内部数据。

考核时间：20 min。

1. 操作条件

UPS。

2. 操作内容

（1）判断 UPS 工作状况。

（2）读出 UPS 内部数据（输入/输出电压和输入/输出电流、旁路电压、蓄电池电压、蓄电池放电或充电电流、UPS 负载容量）。

3. 操作要求

（1）正确判断 UPS 工作状况。

（2）正确读出 UPS 内部数据（输入/输出电压和输入/输出电流、旁路电压、蓄电池电压、蓄电池放电或充电电流、UPS 负载容量）。

（3）正确执行作业安全规范。

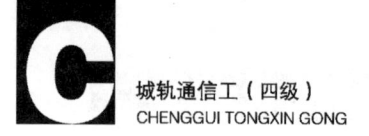

城轨通信工（四级）
试题评分表及答案

试题代码：3.3.2　　　　试题名称：判断 UPS 工作状况并读出内部数据
考生姓名：　　　　　　　准考证号：　　　　　考核时间（min）：20

	评价要素	配分	等级	评分细则	评定等级					得分
					A	B	C	D	E	
1	判断 UPS 工作状况	6	A	正确						
			B							
			C							
			D							
			E	不正确						
2	读出 UPS 内部数据 （1）输入电压和输入电流 （2）输出电压和输出电流 （3）旁路电压	8	A	正确						
			B	错1项						
			C	错2项						
			D							
			E	错2项以上						
3	读出蓄电池数据 （1）蓄电池电压 （2）蓄电池放电电流 （3）蓄电池充电电流 （4）UPS 负载容量	8	A	正确						
			B	错1项						
			C	错2项						
			D							
			E	错2项以上						

续表

评价要素	配分	等级	评分细则	评定等级 A	B	C	D	E	得分
4 作业安全规范（劳动防护用品穿戴、工具准备、场地整理、无违规操作、无违章操作）	3	A	正确						
		B							
		C							
		D							
		E	有违规、违章操作						
合计配分	25		合计得分						

考评员（签名）：

等级	A（优）	B（良）	C（尚可）	D（差）	E（未答题）
比值	1.0	0.8	0.6	0.2	0

"评价要素"得分＝配分×等级比值

参考答案

1. 判断 UPS 工作状况。

正确判断 UPS 工作状态。

2. 读出 UPS 内部数据。

（1）正确读出输入电压和输入电流。

（2）正确读出输出电压和输出电流。

（3）正确读出旁路电压。

3. 读出蓄电池数据。

正确读出蓄电池电压及蓄电池放电或充电电流、UPS 负载容量。